金沙祖壶

探赜紫砂造物源流

西泠印社
出版社

陆全明 著

紫砂艺术的本质并非"唯美",而是"求真"。
情真意切,明净典雅,返璞归真是紫砂艺术的审美人格体现。
紫砂文人壶的审美价值在于一壶一铭,切茗切境,应器映情。

陆全明

字怀希、泉鸣

堂号金沙山房

1967 年生于江苏宜兴

紫砂艺人

紫砂祖庭文化探索者

职业陶艺家

同济大学特聘教授

1990年　毕业于上海师范大学美术系

1992年　成立陆全明工作室"金沙山房"

1997年　首届上海艺术博览会

1998年　上海首届国际名人名作艺术展

2001年　世界陶艺大会　韩国

2003年　首届上海春季艺术沙龙，策划大型陶艺活动

2004年　"中国风"陆全明陶艺交流展　日本

2005年—2007年　应邀赴法国、德国、荷兰、比利时等国讲学

2008年　创作完成"泉鸣十八式"

2010年　中国陶瓷亚洲行　中国香港

2011年　《瓷心画意——陈强、肖谷、万春远、陆全明瓷画作品展》　上海

2012年　策划"上善若诚·第一紫象——中国当代紫砂艺术提名展"　上海

2018年　《墨缘金沙》紫砂新文人壶展　上海

2019年　一带一路·艺术上海国际艺术博览会

2020年　《游壶——游壶借刀·乘物载道》紫砂文人壶艺术展　上海

品茗玩砂，自诩"茶痴"，独处、会友，常以茶抒情，以茶遣兴。过往三十载，追寻金沙僧迹，参悟禅宗美学，探究紫砂祖庭。创"泉鸣十八式"，为紫砂实物教科书。

作者微信　　　金沙山房

目录

卷首语

　　我探索金沙僧壶三十余载，终未果，但信念未消，也未曾放弃。直至十五年前，因缘际会发现其踪迹。近十年，深入研究其背后的禅宗思想、禅宗美学和文化背景，再通过文献记载的表象特征，将其命名为"金沙祖壶"。一是为弘扬紫砂祖庭文化；二是膜拜金沙寺僧始创通灵圣品之始祖尊位。今天将探赜"金沙祖壶"之心路历程用文字形式表达出来，对我而言，也算是一种创造，这是我在写作本书时体悟到的一种心理慰藉。

　　给这把壶下定义或以文字记述下来，并不见得就是对此壶有所了解。反之，如果能够先将以往对紫砂壶的认知陌生化，然后再尝试探究挑战其真实性，才有可能深谙其壶之道。

　　假设某一天有个人拿着一把落款为"金沙寺僧"的壶对你说："请帮忙看一下，这把壶是不是金沙寺僧做的？"你该怎么回答？即使你意识到这把壶存在很多不确定性，当时你也会因为一时不知道怎么回答，而感到自己其实是越来越不了解金沙僧壶了。这时，如果我们通过此壶，联想到明代紫砂的表征特点，又怎么给金沙僧壶与明代历史名作确定一条分界线？如此这般，你就更觉得自己对"金沙祖壶"缺乏了解，但这种情况并不说明你对"金沙祖壶"的认知有所迷惑。相反，说明你不再是毫无意识地将此壶定义为"金沙祖壶"了，而是进行了更深层次的思考，事实上此时你对"金沙祖壶"是有了更加真切的感应。譬如：为什么是僧人始创了紫砂？僧人紫砂的器物特征有哪些？其背后的禅宗思想、禅宗美学又体现在何处？文献记载金沙僧壶的表征具体如何体现？

　　明末周高起（1596—1645），好茶，精于茶具，虽未亲睹"金沙祖壶"及供春之珍品，但对时大彬和供春之所用泥料特征描述得比较客观精确，他在《阳羡茗壶系》中这样记载："壶之土色，自供春而下乃至时大彬初年，皆为细土淡墨色，上有银沙闪点，迨碙砂和制 。"关于"迨碙砂"的说法，到目前为止，没有人说清楚过。这到底是什么砂？大都推测为"钢土砂"。那什么是"钢土砂"呢？众说纷纭。我翻阅了大量文献资料，最后在《康熙字典·玉篇》中找到了答案：迨（dài）碙（náo）砂；迨，近，接近；到，到达的意思。"碙砂"也称"硇砂"，中药名，为氯化物类卤砂族矿物卤砂的晶体或人工制成品，颜色为黄白色，晶体呈不规则颗粒状。周高起在这里所说的"迨碙砂"应该就是接近碙砂状的黄白色紫砂颗粒粉砂。虽然这两句话在书中是形容供春及时大彬初年制壶的泥料，但毕竟作为书童的供春是"窃仿老僧心匠"而得其练泥心法的。

本书将从金沙祖壶的源流到流变，从人文自然到禅宗美学，从设计原理到工艺特征，从泥料配制到烧成方法，从技术数据到实物比对，全方位多角度地对"金沙祖壶"进行考辨。也算是另外一种声音吧，仅供大家参考。

之所以用"源流"为书名副标题，一是为彰显金沙寺僧"色即是空"的相对主义心法及其纯粹的审美人格，二是为紫砂始祖溯源崇本。

当你读完这本关于"金沙祖壶"的书后感到越来越不懂紫砂壶时，并不意味着你对紫砂壶的认知迷茫了，而恰恰证明你在紫砂的世界里又往更深处迈进了一大步。

陆全明

自序—未央

　　中国古代很长一段时间里是由老庄的道家美学滋养着中国美学，禅宗六祖始，禅境美学成了东方美学之集大成者，直接影响了后世艺术审美的自然观和价值观，为宋、明两代的极简风格夯实了根基。禅宗美学追求"自然""妙有""诗性"的美感，如明式禅椅空灵文雅，宛如天成的东方意韵，美到令人窒息。

　　茶与禅的故事，自古至今公案、闲说颇多。比如耳熟能详的"禅茶一味"，止禅的修习有四禅八定之次第，是禅宗"渐"的奥妙。瀹茗品茶大体是由苦及甘、由浓及淡的过程，最终归于无味，无味即是一味，一味就是无味，无味就是自然，所谓自然即是自在，自在了也就自然而然了，亦即如如。正如老子有云："为无为，事无事，味无味。"又如唐赵州禅师复言"吃茶去"，说是两位禅师前来赵州禅师处问禅论道，赵州禅师先后问两位僧人是否曾来过？一说来过一说未曾来过，禅师皆应"吃茶去"，一问一答见机锋。过去的参禅修习不知从何时起就在这一问一答的机锋之中，也正是禅宗"顿"的妙理。著其音则迷，参其理，一直下去，待"水穷处，云起时"自然瓜熟蒂落！开悟只是时机。和虚云大德一直说的"咬住念佛者是谁不放"是一样的，观机逗教、开权显实，不出其右！当然禅茶一味也是佛不离事，事不离佛，事即是佛，佛即是事之妙解！虚云大德不仅好茶，且极有规律，侍者回忆说：师有午睡习惯（确切地说是打坐小憩）且常伴有鼾声，醒来第一句便是"啊"的一声。侍者知其意，要喝茶，随后便奉上一缸茶。不仅如此，每年茶季总要制茶些许。当然，禅茶一味各有经解，也就是因人、因事、因时、因地而异了。

余独爱茶，自然与壶结缘，素时亦多有承壶品茗。老子《道德经》有云："埏埴以为器，当其无，有器之用。故有之以为利，无之以为用。"余独爱古壶，追寻金沙僧迹，探赜金沙僧壶便是常态。艺术终究要"归真"，才算是择一事终其生！物物即人！从事艺术要做真人真器，禅亦如是。

作为紫砂人，余对金沙寺的兴衰深感唏嘘，待因缘成熟定要不遗余力重修金沙寺，再现往日紫砂祖庭风骨，这是我埋藏了20余年的心愿！与此同时也从未停止对紫砂历史文化的寻根溯源，其间一次殊胜的因缘与这把古壶不期而遇，也许是偶然，更或是必然，一瞬间怦然心动，廓彻心扉，经允上手，断非明代大德莫能为之，紫砂之鼻祖！碍于诸多因素不能夙愿收藏，自此成了我心中十几年魂牵梦绕！几经流转周折终因缘得之，经典有言"法住法位"，对于祖庭僧壶同样应合！物之所趋，人之所好，实乃世事无常，有真常！实乃"天将救之，以慈卫之！"

此器为紫砂壶开鉴之宗、紫砂渊源之器，大德高僧所制。幻质非坚，开实所权，必为大方，大方之器！至美无美，无美至美！言语道断，心行处灭！其形坐忘恬淡，其意宁静致远！经典定中说，此器定所制！心意合和，浑然天成！壶钮如僧帽斗笠；壶嘴如本师拈花一笑释意，又如手印指向之道；壶身圆融不为法度，自在无碍！

综而概之，从事艺术创作大致要经过临摹、自我、无我的阶段！术不难，难在不侍术，最高境界无术无为，返璞归真！这不正是经典所言"物我双忘，能所双亡"吗？不正是庄子的坐忘、心斋、撄宁吗？不正是老子无为而为，复归于婴儿吗？当下紫砂诸等艺术怪相很是令人深思。正是基于此发心，弘扬紫砂祖庭文化，正本崇源，实乃吾之初心！正如先贤大德所言"情不敷物，物岂碍人"，藉此祖庭僧壶之殊胜因缘，弘扬人文艺术之真善美、禅宗美学之独立审美人格。

历历悉悉！天道利不害，圣道为不争。余独玩且鄙、素心仰止。为器道大方，权权求索，为紫砂艺术清流正本，为人求真！既不琭玉亦可珞石，天与善人。终成此书，仅表拙见，作自序，惭愧！如若些许功德亦即诸佛功德、善贷且成，真善饶益！如有未尽不竟，实乃全明之愚痴！

第一章
茶文化与宜兴
紫砂的创始流变

汉代　青釉双系罐　私人藏

　　茶的起源可以追溯到公元前2700多年的神农氏，东汉时期成书的《神农本草经》记载："神农尝百草，日遇七十二毒，得荼而解之。"这里的"荼"就是指"茶"。《神农本草经》又说："茶叶苦，饮之使人益思，少卧，轻身，明目。"明末思想家顾炎武曾经指出："自秦人取蜀而后，始有茗饮之事。"西汉文学家王褒于公元前59年成书的《僮约》写道："烹茶尽具，已而盖藏。""牵犬贩鹅，武阳买茶。"充分说明西汉时期，茶叶已经成为商品，茶具也成了文人士大夫的生活必需品。这是中国乃至世界最早的关于茶文化的文字记载。

　　三国时期在汉代的基础上，茶事有了进一步的发展。三国魏张揖撰《广雅》记载："荆巴间，采茶作饼……饼成以米膏出之，欲煮茗饮，先炙令赤色，捣末置瓷器中，以汤浇覆之……其饮醒酒，令人不眠。"三国《吴志·韦曜传》载："孙皓每飨宴，坐席无不悉以七胜为限，虽不尽入口，皆浇灌取尽。曜饮酒不过二升，皓初礼异，密赐茶荈以代酒。"这以茶代酒的历史故事反映出三国时期茶已经成为普遍的饮品。

《三国志·孙皓传》载:"又吴兴阳羡山有空石,长十余丈,名曰石室,在所表为大瑞,乃遣兼司徒董朝,兼太常周处至阳羡县,封禅国山。"国山即离墨山,盛产佳茗。东吴天玺元年(276),皇帝孙皓在阳羡国山(离墨山)举行封禅仪式,阳羡茶随之名扬天下。西晋左思《娇女诗》中有"心为茶荈剧,吹嘘对鼎金歷"用鼎立煮茶,《南齐书·武帝本纪》记载齐武帝萧赜遗诏说:"我灵上慎勿以牲为祭,唯设饼、茶饮、干饭、酒脯而已。天下贵贱,咸同此制。"以茶倡导节俭之风。又据《晋四王起事》载:"惠帝蒙尘还洛阳,黄门以瓦盂盛茶上至尊。"皇帝落难还念念不忘瓦盂茶汤。西晋杜育《荈赋》描述:"水则岷方之注,挹彼清流。器择陶简,出自东隅。酌之以匏,取式公刘。惟兹初成,沫沉华浮。焕如积雪,晔若春敷。"可见至少在晋代已现煎茶法的雏形。三国吴陆玑云:"椒树似茱萸,蜀人作茶,吴人作茗,皆合煮其叶以为香。"唐人孟诜《食疗本草》说:"茗叶……煮取汁,用煮粥良……市人用槐、柳初生嫩芽杂之。"唐药学家陈藏器撰《本草拾遗》载:"止渴除疫,贵哉茶也。"

可见,茶在唐代以前,是作药用或食用,到了唐代制茶工艺逐渐成熟,饮茶风气日益兴盛,形成了"茶道大行,王公朝士无不饮者","始自中地,流于塞外"。

公元 780 年左右,陆羽完成了世界上最早最完整的茶叶专著《茶经》,这部最早对茶知识做系统化总结的茶学专著,被称为"第一部茶百科全书"。全书分为上中下三卷,分别由一之源,二之具,三之造,四之器,五之煮,六之饮,七之事,八之出,九之略,十之图构成。《茶经》记载说:"饮有粗茶、散茶、末茶、饼茶者,乃斫、乃熬、乃炀、乃舂。贮于瓶缶之中,以汤沃焉,谓之痷茶。"所谓"痷茶"就是用沸水冲泡茶,是民间常用的简便冲泡方法,和煮、煎茶法并行于世。

陆羽,字鸿渐,天宝十四载安禄山叛乱,陆羽随陕西难民于至德元年(756),渡过长江。陆羽《自传》记载:"泊至德初,秦人过江,子也过江。"沿长江南岸对唐代江南西、东两道(今湖北、江西、江苏、浙江)部分地区的江河山川、风物特产,尤其是茶园、名泉进行实地考察。至德二载(757)春,陆羽来到太湖之滨,结识了时任无锡尉的皇甫冉,两人一见如故,结为挚友。曾作《惠山寺记》,品鉴惠山泉后将其评为"天下第二泉"。同年又到吴兴,同乌程县今(湖州)杼山妙喜寺皎然上人相识结谊,与之结成了"缁素忘年之交"。受皎然上人之请,陆羽住进了妙喜寺,同皎然、灵彻等朝夕相处,尝试了一种新的客居寺院的处士生活。皎然,唐代著名诗僧,中年参谒诸禅师,得心地法门,具门第、诗篇、禅学,与朝中卿及地方长官交游。可谓是陆羽人生旅途的知遇者及越过坎坷走向生命和事业高峰的接济者。真可谓达到了生相知、佛缘高情、生死超然的境界。陆羽在妙喜寺住了约三年时间,于上元初(760 年),在临近妙喜寺的苕溪之滨筑草庐,开始了他的隐居生活。陆羽《自传》记:"上元初,结庐于苕溪之滨,闭关对书,不杂非类,名僧高士,宴谈永日,常扁舟往来山寺。"

国山碑　东吴天玺元年（276）　位于江苏宜兴

唐　青釉茶碗　私人藏

南宋　黄白釉高足茶盅　私人藏

据《唐刺史考全编》载，常州刺史李栖筠于大历元年（766）邀请陆羽到义兴（今宜兴）考察茶叶。另据宋嘉泰《吴兴志》载："唐义兴县《重修茶舍记》云，义兴贡茶非旧也，前此故御史大夫李栖筠实典是邦，僧有献佳茗者，会客尝之，野人陆羽以为芳香甘辣，冠于他境，可荐为上，栖筠从之，始进万两，此其滥觞也，厥后因之。征献侵广，遂为任土之贡。"御史大夫李栖筠到常州任刺史（765），并在义兴"修贡"，证实了陆羽到宜兴考察的时间是大历元年（766）。《重修茶舍记》又证实"山僧有献佳茗者"之前，阳羡茶已在作贡，此僧正是顾渚山之僧，献上顾渚产"佳茗"，说明此时顾渚之茶尚无"紫笋"之名。李栖筠御史请大家品尝，陆羽认为此茶"芳香甘辣，冠于他境，可荐为上"。可见陆羽此时在品茶上具有一定权威性，御史同意后，紫笋茶与阳羡茶同贡，"始进万两"，于大历五年（770）顾渚与宜兴"分山析造，岁有客额"。唐代晋陵郡（常州）和吴兴郡（湖州）贡紫笋茶最为出名。常州茶在大历初年（766）入贡，湖州茶在大历五年（770）以后入贡，都经陆羽品鉴和推荐。北宋钱易《南部新书》云："唐制，湖州造茶最多，谓之顾渚贡焙，岁造一万八千四百八十斤，焙在长城县西北。大历五年以后，始有进奉。至建中二年（781）袁高为郡，进三千六百串，并诗刻石在贡焙。"在唐代，长兴和宜兴茶区的分界线为啄木岭和悬脚岭。白居易的诗《夜闻贾常州崔湖州茶山境会想羡欢宴因寄此诗》可证："盘下中分两州界，灯前合作一家春。"可见在大历五年前，顾渚山贡茶产区还属于常州刺史管辖，只是到了大历五年后，由皇帝的"诏命"，两县贡茶产区有了明确的界限。

唐代诗人许有谷诗云："春山无草不芬香，一茗何烦荐尚方。陆羽名荒旧茶舍，却教阳羡置邮忙。"其山名茶山，亦曰贡山，东临罨画溪。修贡时，山中涌出金沙泉。杜牧诗云："山实东吴秀，茶称瑞草魁……泉嫩黄金涌，芽香紫璧裁。"山在君山乡，县东南三十五里。说明陆羽在君山乡罨画溪筑茶舍"青塘别业"，时对阳羡茶的采制技术给予指导帮助。其间，他的"缁素忘年之交"皎然上人曾追寻陆处士的行踪，前往君山访问，并作《喜义兴权明府自君山至，集陆处士羽青塘别业》诗云："应难久辞秩，暂寄君阳隐。已见县名花，会逢闹是粉。本自寻人至，宁因看竹引。身关白云多，门占春山尽。最赏无事心，篱边钓溪近。"每当茶季，常湖太守、茶吏、专使齐聚阳羡茶区，督造贡茶，日月兼程，快马加鞭，十日内送到长安，称"急程茶"。卢仝诗云："天子须尝阳羡茶，百草不敢先开花。"白居易诗云："闲吟工部新来句，渴饮毗陵远到茶。"毗陵即常州，当时阳羡隶属常州。自此，芳香冠世的阳羡茶显耀长安，成为我国历史上有文献记载的最早贡茶。

宋代茶文化繁芜瑰丽，达巅峰审美。朝廷大力推崇建茶为贡茶。宋徽宗《大观茶论》曰："本朝之兴，岁修建溪之贡，龙团凤饼，名冠天下，而壑源之品，亦自此而盛。""盏色贵青黑，玉毫条达者为上，取其燠发茶采色也。""夫茶以味为上。香甘重滑，为味之全。""点茶之色，以纯白为上真，青白为次，灰白次之，黄白又次之。""茶有真香，非龙麝可拟。"宋代流行"斗茶"，上自朝廷士大夫，下至市井小民，无不好此，但宋代文人雅士更偏好煎茶法。清心静雅，吟诗作画，并以诗词曲赋来表达对茶道之事乐此不疲的意趣。

例如：

范仲淹（989—1052）《鸠坑茶》《武夷茶歌》

梅尧臣（1002—1060）《七宝茶》《茶灶》《答建州沈屯田寄新茶》

欧阳修（1007—1072）《双井茶》《送龙井与许道人》

蔡襄（1012—1067）《北苑十咏·茶垄·采茶·造茶·试茶》

陆游（1125—1210）《试茶》《雪后煎茶》《听雪为客置茶果》

苏轼（1037—1101）《试院煎茶》《汲江煎茶》《咏茶》《行香子·茶词》

黄庭坚（1045—1105）《谢人惠茶》《满庭芳·茶》《寄新茶与南禅师》

米芾（1051—1107）《满庭芳·咏茶》《醉太平·风炉煮茶》

朱熹（1130—1200）《茶灶》《茶阪》《咏茶》

……

宋　宜兴窑紫砂擂钵、铜匙　作者自藏

　　宋代以文治为尊，典雅质朴的文人美学和禅宗美学影响着日渐兴盛的饮茶风尚，文人茶道讲究一种品格和趣味的修养，更追求一种心灵和精神的升华。饮茶之道可以提升人的优雅素质，审美生活成为宋代国民生活的普遍追求。

苏东坡在北宋嘉祐二年（1057）与阳羡籍的单锡和蒋之奇中了同科进士，宋熙宁七年（1074），苏东坡任杭州通判，同年受邀来到阳羡，对阳羡的人文自然景观留下了深深的印象。元丰七年（1084）秋，东坡再次来到阳羡，买田置地，于蜀山南麓筑"东坡草堂"。他在《菩萨蛮》中这样写道："买田阳羡吾将老，从初只为溪山好。来往一虚舟，聊随物外游……"一生嗜茶的东坡居士，因其胞姐的女儿嫁与同科进士的单锡，单锡出生地为阳羡湖㳇篁画溪，因此东坡便常往来于湖㳇金沙寺，金沙寺寺僧总是以金沙泉水煎阳羡贡茶与东坡畅饮金汤，参禅悟道，留下了东坡饮茶"四绝"，即"紫砂壶（砂铫）、阳羡茶、金沙泉、桑树炭火"的佳话。东坡善烹金沙泉，曾破竹为符，使金沙寺僧藏其一，以为往来之信，戏谓之调水符："欺谩久成俗，关市有弃繻。谁知南山下，取水亦置符。"东坡在《和蒋夔寄茶》诗中云："故人犹作旧眼看，谓我好尚如当年。沙溪北苑强分别，水脚一线争谁先。"可见东坡居士对阳羡贡茶之钟爱。

　　南宋时期，日本留学僧南浦绍明从临安径山寺把宋代点茶法带到了日本，同时带去的还有风炉、茶釜、盖置、瓢杓等，故径山寺成为日本茶道的祖庭。

茶道具浮雕铸铁壶　日本明治时期　龙文堂款　作者自藏

南宋后, 宋代点茶法日趋衰落, 取而代之的是烹茶法, 也称明代煎茶法。

明代文人高士饮茶嗜茶的现象十分普遍, 成为一种引人注目的文化现象。他们通过煎茶饮茶追求一种清雅闲逸的、超脱的人生境界, 大量明代士人还结成茶人群体, 以茶会友, 陶情冶性。

吴纶 (吴颐山之父), 阳羡人, 无意仕途, 是醉心于山水的 "茶痴"。明万历十八年 (1590)《宜兴县志》(卷七·驰封) 记载:"吴纶, 字大本, 以子仕贵封礼部员外郎。自垂髫时形瞿神异比常, 不乐仕进, 雅志山水, 日与骚客墨士往来倡酬, 于其中有陶然自得之趣, 性喜茶, 于名泉异荈, 悉远致而品尝之, 焚香静坐一室, 或读太史公传, 诵陶靖节诗, 或临写唐子西, 山静似太古, 章遒然赵松雪笔法, 人争得之。" 在这些文人墨客中就有沈周、文徵明、祝枝山、仇英、吴宽等, 文徵明《谢宜兴吴大本寄茶》诗, 充分说明了他们之间的友谊非同寻常。清嘉庆《宜兴县志》(卷八·隐逸) 载:"吴纶, 字大本。性耽高尚, 创别墅二于溪山间, 南曰樵隐, 北曰渔乐, 逍遥其中, 自拟陶潜, 号心远居士。" 其中溪山的樵隐别墅就在罨画溪金沙寺附近, 故其子吴颐山携书童供春读书金沙寺便是顺其自然。

吴纶唱酬的众多文人墨客中, 无一不为阳羡茶倾情。吴宽 (1435—1504), 明成化状元, 在《匏翁家藏集》中多次赞颂阳羡茶:"具区舟楫来何远, 阳羡旗枪瀹更新。""阳羡茶适至, 新品攒寸莛。虽非龙团种, 胜出蔡与丁。" 文徵明 (1470—1559) 的《是夜酌泉试宜兴吴大本所寄茶》云:"醉思雪乳不能眠, 活火沙瓶夜自煎。白绢旋开阳羡月, 竹符新调惠山泉。" 唐寅 (1470—1523) 的《阳羡茶》云:"清明争插西河柳, 谷雨初来阳羡茶。" 如上前文提到的 "沙瓶" 就是宜兴紫砂壶, 吴纶可谓是阳羡茶文化、紫砂文化当之无愧的形象代言人。其子吴颐山也是 "无心插柳柳成荫", 带出书童供春弘扬紫砂而成先驱。

宋 吉州窑茶盏 私人藏

　　明代阳羡茶事中同样盛行煎茶法，在沿袭唐贡茶之外，岕茶成为明代文人高士的最佳茗品。岕茶除了因其依旧保持传统蒸青工艺故耐冲瀹外，还具备丰富的精神内涵物质和文人崇尚的"芝兰金石之性"，深受名僧高士之喜爱和推崇。

　　关于岕茶的起源，明代周高起（1596—1645）《洞山岕茶系》中直溯唐代卢仝："至岕茶之尚于高流，虽近数十年中事，而厥产伊始，则自卢仝隐居洞山，种于阴岭，遂用茗岭之目。"茗岭以茶命名，位于宜兴西南六十里。至明万历年间，岕茶始显露名声，为文人雅士所赏鉴，不到二百年时间。《洞山岕茶系》载："漱润茶根，洩山土之肥泽，故洞山为诸岕之最。"又评价云："茶皆古本，每年产不廿斤。色淡黄不绿，叶筋淡白而厚，制成梗绝少。入汤色柔白如玉露，味甘，芳香藏味中，空濛深永，啜之愈出，致在有无之外。"

周高起在《洞山岕茶系》之"贡茶"中记载:"贡茶,即南岳茶也。天子所尝,不敢置品。县官修贡,期以清明日,入山肃祭,乃始开园采。制祖松罗虎丘,而色香丰美,自是天家清供,名曰片茶。初亦如岕茶制,万历丙辰,僧稠荫游松萝,乃仿制为片。"这里的南岳茶就是阳羡茶。南岳寺位于宜兴,始建于南北朝齐武帝永明二年(484),唐开元稠锡禅师从桐庐到义兴,传说他见寺旁无水,便用禅杖敲开地脉,泉水奔涌而出,"卓锡泉"由此得名。阳羡茶入宋不复修贡,茶园荒芜,明初又开始贡茶,制茶方法自松罗虎丘。这就是最早的岕茶制造方法,也称片茶。明万历四十四年(1616),南岳寺稠荫游松罗山,开始学习僧人大方禅师松罗茶制法,岕茶从此大兴于世。

明代岕茶制法由宜兴南岳寺稠荫禅师悟其心法，遂得以传承。明末清初文学家余怀在《采茶记》中记载："即数十年以前，清卿韵土，水厄汤淫，亦止盛集于松萝天池，未见今所谓岕茶者有之，自近代一僧始，而其精神品位，遂前无古后无今矣。"这近代一僧，指的就是明代南岳寺稠荫禅师。

明晚期开始，宜兴紫砂壶风行天下，以小为贵，以素为尚。茶盏则以成宣窑器为要用。至于茶品，仍以岕茶为文人雅士所推崇。

冒襄（1611—1693），字辟疆，号巢民，江苏如皋人，出生于世代仕宦之家，幼年随祖父在任所读书，十四岁就刻印诗集《香俪园偶存》，董其昌为之作序，并把冒辟疆比作初唐王勃。冒氏好繁华，喜宾客，通茶道。著有《岕茶汇钞》，并载："忆四十七年前，有吴人柯姓者，熟于阳羡茶山，每桐初露白之际，为余入岕，箬笼携来十余种，其最精妙不过斤许数两，味老香淡，具芝兰金石之性，十五年以为恒。"这就说明，明末岕茶名重江南，但产量稀少，精妙者更为难得，岕茶恰如幽人雅士。冒辟疆言简意赅，将岕茶之绝妙品格表达得酣畅淋漓。

由此可见，明末阳羡岕茶一枝独秀，依然保持传统蒸青烘焙技艺，香清味老，有芝兰金石之性，深得名僧高士喜爱，松风竹炉，提壶相呼。

唐 宫廷御制金银茶具 法门寺地宫出土

中国茶文化发展的历史，同样也是中国茶具文化的发展历史。活水还须活火煎，水为茶之母，器为茶之父。两汉魏晋时期，中国陶瓷业发展迅速，茶具跟陶瓷器皿一样，已成为文人士大夫的生活必需品。唐天宝年间陆羽《茶经·四之器》详细记载了二十四件饮茶具。1987年，陕西法门寺出土了一套金银制宫庭茶具和皇家专用的秘色瓷碗。宋代五大名窑"汝官哥定钧"的发明为茶具茶盏的精神气韵锦上添花。

韦鸿胪 文鼎 景旸 四窗闲叟
茶笼: 饼茶的烘具兼贮具。

木待制 利济 忘机 隔竹居人
杵臼: 用于碎茶饼。

金法曹 研古 元锴 雍之旧民
轹古 仲铿 和琴先生
碾: 用于碾茶成末。

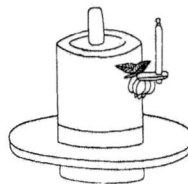

石转运 凿齿 遄行 香屋隐君
石磨: 用于磨茶成粉。

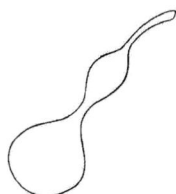

胡员外 唯一 宗许 贮月仙翁
瓢: 用于舀水或分茶汤。

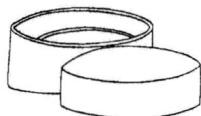

罗枢密 若药 传师 思隐寮长
罗合: 用于筛茶末和盛茶粉。

宗从事 子弗 不遗 扫云溪友
棕帚: 用于扫拢茶末。

汤提点 发新 一鸣 温谷遗老
汤瓶: 用于烧水冲茶。宋人称
沸水为"汤"。

漆雕秘阁 承之 易持 古台老人
盏托: 用于放盏，以免烫手。

陶宝文 去越 自厚 兔园上客
盏: 用于盛茶汤。

竺副帅 善调 希点 雪涛公子
茶筅: 用于搅出茶汤泡沫。

司职方 成式 如素 洁斋居士
茶巾: 用于清洁茶具。

宋 审安老人 茶具十二先生图

《茶具十二先生图》收录宋代点茶法使用的一套茶具，计十二种，并将其拟人化，戏称"先生"，赐以姓名、字号，冠以官名，表明了宋人已将茶与整体文化相关联，使茶成为承载传统文化的象征符号，是熔铸古今、巧妙传神的宋代点茶器具之绝唱。

宋 宜兴窑韩瓶 宜兴陶瓷博物馆藏

　　无论茶文化怎么发展，从早期茶作为药食演变成饮品，饮茶方法从唐煎宋点，到明代先煎后瀹，茶文化的发展始终离不开高僧雅士的热衷和推崇。饮茶之道不仅成为一种品格与雅趣的修养，更成为一种心灵和境界的洗礼。文人雅士的审美经验自然而然地影响着历代日渐兴盛的茶道风尚。茶事的主角始终是少不了壶，壶的角色在功能角色的转换中起到了关键作用。不同时代有着不同的品鉴标准，或因品饮方法，或因审美趋向。唐宋煮水器以金银为上，注水器以陶瓷为上；到明代早中期，煎茶器仍是金银为上，锡与铜铁次之；明中后期，煎茶器逐渐由银锡为上演变成陶瓷亦佳，铜铁忌之，泡茶器以陶器为上，瓷锡次之。当茶作为一种品味生活的方式时，茶壶就从器具发展成了艺术审美的一个载体。

金沙寺僧参禅悟道，农禅并重，茶禅一味。天有时：明代煎茶泡茶以陶器为上，顺势而为。地有气：宜兴是陶的故乡，金沙寺位于陶瓷腹地丁蜀镇，背靠唐贡山，寺内有金沙泉。材有美：紫砂泥称"五色土"，其以独特的性能，朴素典雅的颜色，堪称陶中瑰宝。工有巧：金沙寺僧"闲静有致，习与陶缸瓮者处"，长期实践，积累经验，独创练泥心法，完善了自己精湛的制作工艺。先秦《考工记》阐述的"天时、地气、材美、工巧"合此四者可以为良。金沙寺僧四者皆合的同时，兼备深厚的禅宗美学及审美经验，还有一颗度一切众生入无余涅槃的菩提心。应时应景，金沙寺僧始创紫砂壶的一切都写在了金沙祖壶上……

综观宜兴茶文化发展的辉煌历史，就像是中国茶文化发展历史的精华浓缩。从三国东吴帝孙皓在义兴"封禅国山"，阳羡茶便名扬天下，到唐代茶圣陆羽的"中国第一部茶百科全书"《茶经》问世，阳羡贡茶成为中国茶文化史上第一个有文献记载的贡茶。再到明代宜兴南岳寺稠荫禅师始创洞山岕茶，不但恢复了朝廷贡茶旧制，更受到了明代士阶层的喜爱和追捧。

附 古画与茶（之一）

唐　佚名　萧翼赚兰亭图宋人摹本卷（南宋摹本）
绢本设色
纵 27.4 厘米　横 64.7 厘米

台北故宫博物院藏

　　《萧翼赚兰亭图》根据唐代何延之《兰亭始末记》所作，画萧翼为唐太宗从辩才处骗取《兰亭序》墨宝的故事。这是现存的宋人摹本。画面中辩才跌坐禅榻，正与来客萧翼款款而谈。画面左边是唐代具代表性的茶末入铛煮法。老者正用竹箸在茶铛沸水中搅茶末，茶铛有流，煮好茶后便于倒入茶盏，无需用瓢分酌。年少者两手捧盏托，准备接煮好的茶，茶从茶铛倒入盏。唐代茶具茶碾、茶盏、茶托及茶合放置在具列上，茶铛置于炉火正红的茶炉上，炉边放着炭。《萧翼赚兰亭图》描绘了客来煮茶的场景，成为现存最早表现唐代煮茶法的绘画，展示了初唐时期寺院煮茶待客之风尚，提供了唐代煮茶法的形象史料。从初唐起，饮茶就已经进入人们的日常生活。由此可知，陆羽所著《茶经》，是对茶文化在当时"滂时浸俗，盛于国朝，两都并荆渝间，以为比屋之饮"的真实写照。

《韩熙载夜宴图》是一幅由听乐、观舞、休闲、赏乐和调笑等五个既独立成章，又相互关联的片断所组成的画卷。此为首段"听乐"部分，韩熙载等人或坐或立，按着拍子，专注听琴，座前长案上放着执壶、带托茶盏以及各色茶点。

五代　顾闳中
韩熙载夜宴图（局部）绢本设色纵28.7厘米　横335.5厘米

故宫博物院藏

宋徽宗赵佶，艺术天赋极高，创办宣和书画院，培养书画人才，引领书画艺术的审美品格，使北宋绘画走向辉煌。这幅《文会图》就是宋徽宗所画的茶宴杰作。

宋 宋徽宗
文会图轴 绢本设色
纵 184.4 厘米 横 123.9 厘米

台北故宫博物院藏

宋徽宗赵佶（1082—1135）精于茶事，撰有《大观茶论》。宫中举行茶宴时，他常常亲手点茶赏赐群臣。《文会图》记录了当时文士雅集茶会的场面，他将自己画的历史功臣肖像画《十八学士图》处理成文人雅集的《文会图》。画面上池水、山石、朱栏、杨柳、翠竹交相辉映，巨大的茶案上有茶和丰盛的茶点。文士们围席而坐，相互交谈，顾盼生情。茶案之后，花树间又设一桌，上置香炉与琴。画面下方几旁，侍者候汤、点茶、分酌和奉茶，各司其职。此画是精于茶道的宋徽宗对于宋代龙凤团茶点法和品饮环境的生动写照，细致的笔法刻画出园林里点茶品茗的盛况。

宋　刘松年
撵茶图　绢本设色
纵 44.2 厘米　横 66.9 厘米

台北故宫博物院藏

此图描绘宋代点茶场面，有具体过程、用具等。在棕榈树前峭立的太湖石边，左前方一人坐在矮几上，正在转动碾磨磨茶，磨边有茶帚、筛茶的茶罗、贮茶的茶盒等。另一人立桌边，右手提着汤瓶，正向放着茶勺的茶盆内冲汤调茶膏，左手边放着茶筅准备点茶。桌上有茶末盒以及一叠碗和盏托，以便点好后分酌入盏。桌左侧有烧水的风炉，风炉上是有流（壶嘴）的烧水提釜。桌边挂着茶巾，桌右侧是贮水瓮。画面右侧有三人，一僧伏案执笔作书，传说他就是"草圣"怀素；一人相对而坐，似在观赏；另一人坐其旁，展卷赏画。一切都显得十分安静、整洁、有序，展示了园林中文人雅集、点茶助兴的情景，是宋代点茶品饮的真实写照。

035

宋　佚名
柳荫斗茶图
清人摹本册页
绢本设色
纵 26 厘米　横 27.3 厘米

美国弗利尔美术馆藏

此图描绘细致，人物生动，一色的民间衣着打扮，这是宋代民间斗茶的真实写照。斗茶，或称"茗战"，先是从比赛茶叶质量的好坏开始的，而后发展为好玩的游戏，人们可以从中获得细微感受自然奥妙的契机，得到极大的娱乐满足。

范仲淹《和章岷从事斗茶歌》写道："斗茶味兮轻醍醐，斗茶香兮薄兰芷。其间品第胡能欺，十目视而十手指。胜若登仙不可攀，输同降将无穷耻。"茶味、茶香是斗茶的基础，由此而生的茶汤艺术化视觉美感，设定了斗茶的游戏规则。

点茶玩法有好几道程序，首先是"燺盏"，即把茶盏烫一下。然后是"调膏"，将磨好的茶粉放入盏中，再注入沸水，调和茶粉呈膏油状，接着就可以点茶和击拂了。"点茶"就是将汤瓶中的沸水注入盏中。宋代诗文中，有时也把点茶称作"斗茶"，可见"点"是整个斗茶过程中的重要一环。汤瓶点茶，沸水细尖力度的控制，注入茶膏的位置、方向都大有讲究，不注时，一收即止，不能有零星水滴淋漓不尽。随之"击拂"，有用茶箸或者茶匙的，后来发展成用茶筅，击打出茶汤的泡沫，茶汤面呈"粥面聚"，斗茶以看谁的茶面先露出水痕为败。

斗茶基础玩法上更进一步的茶艺是宋人的分茶。分茶有两个概念：一是水沸后，一瓢一碗分到茶碗里；一是演绎碗里茶汤的图像变幻。分茶玩法指后者，是宋茶的绝技，更成为表演观赏的一种杂技，堪称游艺化茶道至极。陆游有"晴窗细乳戏分茶"句，就是指玩分茶。分茶的妙处在分汤花，汤花指浮在茶汤之上的泡沫。龙凤团饼茶研磨成粉，是白色的，点茶后茶汤的表面出现如雪似霜的细乳，在宋代流行的黑釉建盏中，汤纹水脉就会变幻出各种各样的图案，有的像山水云雾，有的像花鸟鱼虫，有的又似各色人物，仿佛一幅幅瞬息万变的图画，因此也叫"水丹青""茶百戏"。杨万里《澹庵坐上观显上人分茶》诗描绘了分茶的情景："分茶何似煎茶好，煎茶不似分茶巧。蒸水老禅弄泉手，隆兴元春新玉爪。二者相遭兔瓯面，怪怪奇奇真善幻。纷如擘絮行太空，影落寒江能万变。银瓶首下仍尻高，注汤作字势嫖姚。不须更师屋漏法，只问此瓶当响答。"汤瓶注水于茶与茶筅搅动的过程中，即"二者相遭"显示出高妙的技艺，使茶碗里的茶汤形成极富观赏性的变幻图像。当然，就如同看"夏云如奇峰"，还有赖于具有闲适之心的观赏者的想象力。

明 唐寅
斗茶图轴 绢本设色
纵 61.8 厘米 横 56.4 厘米

台北故宫博物院藏

煮茶图

元　王蒙
煮茶图（局部）
纸本　水墨
纵 99 厘米　横 46 厘米

私人藏

此轴画崇山峻岭下的水泉边一茅亭，亭中三人相对趺坐于地，旁边几上放有三盏茶，一僮子走下茅亭前石阶去打水。画面上部有四人题款，从右往左依次是：

公谅款楷书："霁色如银莹碧纱，梅葩影里月痕斜。家僮乞火焚枯叶，漫汲流泉煮嫩茶。顿使山人清逸思，俄惊蜡炬发新花。幽情不减卢仝兴，两腋风生渴思赊。公谅。"

邬中款行书："嫩叶雨前摘，山斋和月烹。泉声云外响，蟹眼鼎中生。已得卢仝兴，复饶陆羽情。幽香逐兰畹，清气霭轩楹。邬中。"

蜀人黄岳款楷书："清泉细细流山肋，新茗丛丛绿芸色。良宵汲涧煮砂铛，不觉梅梢月痕直。喜看老鹤修雪翎，漫热沉檀检道经。步虚声微茶初熟，两袖清风散杏冥。蜀人黄岳题于岷江寓所。"

"扁舟阳羡归，摘得雨前肥。漫汲惠泉水，松枝皆用微。香从几上绕，烟向树头围。浑似松涛激，疑还绿绮挥。蜂鸣声仿佛，涧水响依稀。杨慎。"杨慎（1488—1559），明代文学家，明代三大才子之一。他的题诗"浑似松涛激，疑还绿绮挥"指烧水沸声，"绿绮"指琴，出自李白《听蜀僧浚弹琴》诗："蜀僧抱绿绮，西下峨眉峰。为我一挥手，如听万壑松。"

第二章

陶染紫砂祖庭 —— 金沙寺

汉代　灰陶茶炉　作者自藏

春秋战国　原始瓷钵　作者自藏

　　宜兴古称荆邑、阳羡、义兴和荆溪，地处长江三角洲腹地，苏浙皖三省交界处，沪宁杭三角中心，南部和西南部为低山丘陵，物产富饶。山地属天目山系余脉，东临太湖，湖面与苏州相接，北部和西部为平原地带，内河密布，纵横交错。宜兴人文历史悠久，拥有7300多年制陶历史和2200余年建县史。骆驼墩遗址的发掘，代表了太湖西部山区向平原地带过渡的新石器时代。西溪遗址的发掘，证实了马家浜文化时期先民们在此处建造了大型的聚落，体现了宜兴先民们7000年前的"日出而作、日落而息"的祥和自然的原始生活。三国东吴孙皓"封禅国山"，开创了历史上帝王在南方封禅的先河，充分证明了宜兴人杰地灵的祥瑞之气。

齐家文化 红陶大耳罐 私人藏

唐代宜兴尤为发达，一定程度上代表了初唐到盛唐的东南势力。明代邑人参与编撰的《毗陵人品记》记载宜兴的地域范围包括今天的常州、无锡，其中收录的唐代历史人物，宜兴人超过了一大半，如卫逖、灌顶（俗姓吴）、湛然（俗姓戚）、喻凫、丁谦等人，他们或功勋卓越，或道行高深，或才学出众。

　　中唐以后时期，中原兵戈四起，战荒不息。宜兴地处江南，山水宜人，得以偏安。一些不愿或无力争权的王公贵族、文人学士，看好阳羡溪山，纷纷来此消极避世，安乐怡养。或买田筑舍，或别成家业，或终老余生。

　　唐代后期，在宜兴置田的杜牧所撰的《崔郾行状》中称："（浙西）上田沃土，多归豪强。荀悦所谓'公家之惠，优于三代，豪强之酷，甚于亡秦'，今其是也。"（《樊川集·卷十一》）除了杜牧、杜晦辞父子之外，李幼卿、刘长卿、皇甫冉兄弟、孟郊兄弟、权况、李德裕、许浑、顾况、李绅、李勘、钟离简之、孙泰、陶详等知名人士都曾在义兴置有田产。而苏州陆氏作为世族豪门，也有多人在义兴买田置业，如陆墉、陆勋、陆敦礼、陆翱、陆希声(828－895)、陆龟蒙(841－约882)等先后寓居或移家于此，由此也带动一批文人雅士相继来义兴，僻静山区一时成为文人墨客相聚、避乱的场所，为义兴人文发展带来了生机。

陆家世居吴中，陆翱进士及第后，往游幕府，然终未受辟，选择了隐居义兴。《全唐诗》记载："陆翱，义兴人，登第不受辟而卒，宰相希声之父。"并录其诗二首。因陆翱中进士时占的是宜兴籍，故宜兴历史上就多了一个进士。陆翱隐居宜兴后，往来于禅林道观，结下了深厚的佛缘。

　　对凡夫而言，寺院道观只是一个宗教修行场所，但从古至今，也不凡一些科举失意，仕途失宠，看破红尘的饱学之士往来其中。更有一些文人雅士向往在这幽静肃穆、香火梵音的清静圣地，苦读诗书，品茗制陶，听香作画，赋诗吟诵，论经问道。

　　陆希声，字鸿磬，号君阳。其五世祖是武周宰相陆元芳，高伯祖是宰相陆象先，高祖父是工部尚书陆景融，祖父陆孟儒是苏州司士参军，父亲陆翱，进士及第未走官场。年轻的陆希声博学多才，善于诗文，精通《易经》《春秋》《老子》，论著甚多。陆希声出仕后，曾为岭南从事，后在洪州石亭"观音寺"遇到了高僧仰山大师，大师法号慧寂，陆希声拜其门下，被大师称赞为门人之首。唐宣宗大中七年（853），陆希声辞别仰山大师。商州刺史郑遇欲用，陆希声罢辞，来到宜兴隐居。《君阳遁叟山居记》记载："遁叟以斯世方乱，遗荣于朝，筑室阳羡之南而遁迹焉。地当君山之阳，东溪之上，古谓之湖汱渚，遁叟既以名自命，又名其山曰颐山，溪曰蒙溪，将以颐养蒙昧也。"乾符初年，又被召为右拾遗，官至歙州刺史，写有《寄蛩光上人》："笔下龙蛇似有神，天池雷雨变逡巡。寄言昔日不龟手，应念江头洴澼人。"蛩光上人即当时翰林供奉的蛩光和尚，曾于京城教授陆希声双钩写字法。蛩光上人心领神会，向唐昭宗推荐陆希声。乾宁二年（895）昭宗任命陆希声为户部侍郎，同平章事，宰相头衔。但因当时唐朝已经陷入末年的战局，宰相位置上的陆希声并无治国实事可做，都是应一些高僧大德之邀撰写一些塔铭、碑文和纪念文章。后被罢相，以太子少师辞官，再次隐居宜兴。陆希声在他的山居别业"陆相山房"，著书赋诗，参禅品茗，享受着阳羡安逸的风土人情。《阳羡杂咏十九首·茗坡》道："二月山家谷雨天，半坡芳茗露华鲜。春醒酒病兼消渴，惜取新芽旋摘煎。"充分流露了陆希声清恬静的隐居生活。陆希声一生充满慈悲之心，在宜兴县南五十里途山的"敬亲庵"就是当时陆相的功德院。

　　"陆相山房"筑舍颐山，临蒙溪，松涛泉石，清灯梵音，显得格外和谐恬静，可谓是陆相之世外桃源。他又在《山居即事二首》中写道："五鹿归来惊岳岳，孤鸿飞去入冥冥。君阳遁叟何为乐，一炷清香两卷经。"天有时，地有气，此情此景，陆相的佛缘终因成果。他把自己精心打造的山房捐赠给当地僧众为僧舍，改作寺院"金沙寺"，后来成为皇家和文人墨客在阳羡禅修的必游之处。

　　宋神宗熙宁初，朝廷御赐金沙寺"寿圣金沙"的匾额，金沙寺名声遍及江南。之后不久，苏东坡受同科进士宜兴籍的单锡和蒋之奇之邀来到宜兴，畅游宜兴山水风土。苏东坡又将自己胞姐的女儿许配给了单锡，单锡是湖㳇本地人，家住金沙寺不远处的单家巷。东坡多次游历金沙寺，结识了金沙寺僧，留下了苏东坡"饮茶四绝"和"竹符换水"的佳话。说的是苏东坡在蜀山筑"东坡草堂"（后改东坡书院），东坡日必数饮，每茶必是"紫砂壶（当时的砂铫），阳羡茶，金沙泉，桑树炭火"，缺一不可。东坡诗曰:"活水还须活火烹,自临钓石取深清。大瓢贮月归春瓮,小杓分江入夜瓶。""松风竹炉,提壶相呼。"然东坡草堂与金沙寺相距二三十里,需书僮每天去金沙寺挑水。东坡便与寺僧商定,破竹为契,以符为准,书僮挑水时与僧人互换,这就是所谓的"调水符"。东坡赋诗为证:"欺谩久成俗,关市有弃繻。谁知南山下,取水亦置符。古人辨淄渑,皎若鹤与凫。吾今既谢此,但视符有无。常恐汲水人,智出符之余。多防竟无及,弃之为长吁。"

北宋末年,常州人孙觌曾经求学阳羡,几度探幽游历金沙寺,撰《游金沙寺寺有陆希声侍郎读书堂在颐山上》诗云:"一龛明灭佛前灯,破械残犹一两僧。说似鸿盘读书处,试寻幽伴柱乌藤。""绿笋遗苞半出篱,清溪一曲翠相迷。古苔称意坏墙满,好鸟尽情深树啼。"

岳飞在南宋危亡时刻,曾领兵路过金沙寺,在此稍作休整时,他乘兴在寺院墙上题词:"予驻大兵荆溪,沿干王事。陪僧寮,谒金仙,徘徊少憩。遂拥铁骑千余,长驱而逝。异日复三关,迎二圣,使我宋中兴,得勒金石,重过此,岂不快哉! 建炎四年四月十二日,河朔岳飞题。"(嘉庆《重刊宜兴县旧志》卷末·寺观)而今读来,岳飞之浩然正气,仍令人荡气回肠,岳大将军与百姓一样,想让这慈悲万千的佛光普照神州众生,为天下争得一片平和安宁,或许南宋朝廷真觉得无颜面对忠臣良将的英勇无畏,也或许真想求得佛祖的无边福音。南宋孝忠皇帝赵眘重新整修金沙寺,并御赐"广福金沙"。武穆在天之灵,一定会重勒金石,再歌《满江红》。

宋元明初，金沙寺始终是名僧雅士争相前往的禅修圣地，尤其是金沙寺深厚的文化底蕴和恬静美景，品贡茶金汤，赏寺僧壶艺。明正德初年，宜兴名仕吴纶之子吴颐山与恩师杭淮意见相左，便携书童供春住进金沙寺苦读。吴颐山如愿考中解元，后因家中丧母，再次回到金沙寺读书，于正德九年（1514）高中进士，深得朝廷重用，官至四川参政。正是吴颐山在金沙寺读书之际，发生了奇迹。真可谓是"无心插柳柳成荫""命里有时终须有"。明代周高起撰《阳羡茗壶系》中这样记载："金沙寺僧，久而逸其名矣，闻之陶家云，僧闲静有致，习与陶缸瓮者处，抟其细土，加以澄练，捏筑为胎，规而圆之，刳使中空，踵传口、柄、盖的，附陶穴烧成，人遂传用。"周高起用文字记载了当时金沙寺僧已经创制紫砂壶，或煎茶自用，或馈赠僧侣雅士。就在此时，作为吴颐山书童的供春悄悄溜进寺僧禅房，偷学禅师抟泥做壶全过程。周高起又记载说："供春，学宪吴颐山公青衣也。颐山读书金沙寺中，供春于给役之暇，窃仿老僧心匠，亦淘细土抟胚，茶匙穴中，指掠内外，指螺文隐起可按。胎必累按，故腹半尚现节腠，视以辨真，今传世者，栗色暗暗，如古金铁，敦庞周正。"当吴颐山功成名就时，家僮供春也因窃仿老僧成了名工巧匠之首，被世人称为紫砂鼻祖。

现代　陈墨之　阳羡金沙寺图　纵28厘米 横130厘米 作者自藏

人无千日好，花无百日红。不知何故，嘉靖年间，名重一时的禅门圣地金沙寺，竟然被鬻作山家别业，好在吴颐山的恩师杭淮眷念旧游，出赀赎回，重新续上香火，赋诗云："幽卧春山云，黄鹂隔窗语。净响发澄潭，女萝滴残雨。"大清顺治年间，中丞杭淮五世孙昌龄延请僧重建金沙寺。真可谓"师生同缘金沙寺，祖孙重整金沙寺"。民国二十五年的《杭氏宗谱前编》有杭氏重修金沙寺的记载。

在杭氏子孙的有力支持下，金沙寺得以保全，香火绵延，在明末清初的社会大动荡里，也是安然无恙，这也许与朱元璋的佛缘有关。清末太平军横扫江南，金沙寺毁于一旦。光绪八年（1882）《宜兴荆溪县新志》记载："金沙寺，在湖㳇镇南，见旧志。兵毁，同治七年，寺僧复山门，殿后银杏一株，有绊马索痕。岳鄂王经过题诗，尝系马于此，兵后不存。"历经千年的金沙寺，在遭兵变后又得以重生，民国九年《光宣宜荆续志》记载："金沙寺，在湖㳇镇南，见前志，岳鄂王系马银杏尚在，前志谓兵后不存，误。光绪六年僧振参重建大殿，光绪十三年僧洪茂续建东西廊楼屋，宣统元年僧洪茂重建前殿。"

宜兴市文物控制单位

金沙寺遗址

（明）

宜兴市人民政府
二〇〇九年五月三十一日公布
宜兴市文物管理委员会立

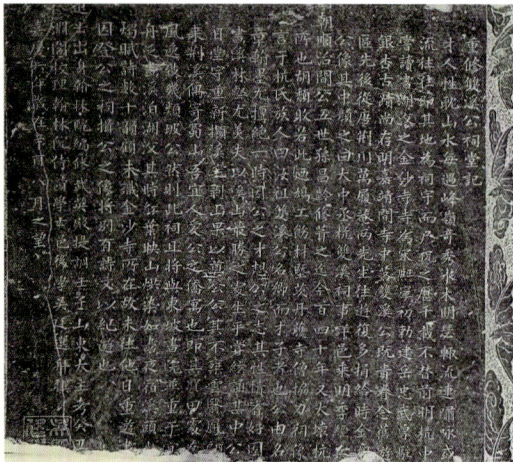

残碑 局部

　　民国以后，金沙寺尚存一息，二十世纪六十年代后寺院的庙基尚在，瓦砾东零西散，庙基上建有农舍几间。原先寺前的那些石碑石柱，有些成为附近农家的农舍和猪圈的墙体构件，有些零乱地散落在农户的菜园。有位知情人透露，寺庙那些巨大的楠木柱子和房梁，当初被当地某所学校的师生拆卸建成了校舍。仅存的半块明代杭淮重修金沙寺的残碑，在一个农户张姓阿婆的家中保存完好。据她说，她已在金沙寺边生活了半个多世纪，信仰佛教。多年前，曾有商人出高价欲购买金沙寺残碑，被张阿婆老两口拒绝，老人动情地表示说："我们只是暂时保管这块碑，等金沙寺有朝一日恢复重建时，便让石碑重返寺院，了却平生夙愿。"多么朴素而虔诚的言语，彰显的是佛教禅宗无常无我之魅力。

清　铸铁青灯（烛台）　作者自藏

金沙寺残碑《重修双溪公祠堂记》的碑文不全,《杭氏宗谱前编》记载碑文全文如下:"才人性耽山水,每遇峰岭奇秀,水木明瑟,辄流连啸咏,或筑精舍以居,后之人慨想风流,往往即其。地为祠宇,而尸祝之,历千载不替。前明杭中丞双溪公居近具区,而早年尝读书湖㳇之金沙寺。寺为宋熙宁初敕建,岳忠武曾驻兵于此,有题壁句,系马寺门,银杏古迹尚存。明嘉靖间,寺中落,双溪公既贵眷念旧游地,捐赀赎存之。公子颐泉孙玉区,先后从唐荆川、万履庵两先生往游,复多捐给。时金湖方侯宰吾邑,于寺建祠公像其中,颜之曰,大中丞杭双溪祠。事祥邑,乘明季,经兵燹,祠几废。国朝顺治间,公五世孙昌龄修葺之,迄今百四十年,又大坏。杭氏族人戚然,曰是吾祖栖灵所也,胡颓败若此。及鸠工饬材,既次月,获寺僧协力,祠像复新,功既竣而,请记于余,余言于杭氏族人曰:汝祖双溪公名卿,而才子者也。公由名进士,历官中丞,以清德著词章,翰墨尤擅绝一时,因公之才,想公之志。其性情嗜好,固当在山水之间。而金沙地近画溪,林壑尤美,夫以溪上最胜之处,生平尝弦诵其中,公而有灵魂魄长,应恋此也。今日堂宇重修,撷溪毛剥山果以奠公,公其不乘云,翳凤翩然,肝饷于斯祠也哉。昔坡公来荆溪,偶寄蜀山,吾宜人爱公之侨寓也,即其买田处为书院,以祀公。汝祖双溪公,清风逸致几类坡公,然则,此祠且将东坡书院并重于宜,历千载而勿替矣。余客岁挐舟泛画溪,泊湖㳇。其时,红叶映山,烘染如画。夜宿溪头,水声潺湲,来枕上意,甚乐之呼,烛赋诗数十韵,顾未识金沙寺所在,故未往。他日重游画溪,必当入寺,访忠武系马处,因登公之祠,揖公之像,将别有诗文,以纪游也。"落款为"赐进士出身翰林院左春坊兼侍读学士前翰林院编修提督安徽学政同邑后学吴廷选沐手拜撰",立碑时间为"嘉庆六年岁在辛酉八月之望"。

一个因缘。

一时梦想。

一项使命。

一段辉煌。

一代传承。

这座唐相陆希声赠予的僧舍，后成紫砂祖庭圣地的千年古刹"金沙寺"，就这样"魂归"陶都，令吾辈学子情何以堪……

第三章
金沙祖壶的设计理念体悟

　　金沙祖壶以其卓越的技术性、淡墨细土追磡砂和制的天青泥、合乎力学逻辑的造型设计、高度的功能性和典雅的造型风格，为紫砂历史拉开了辉煌的帷幕。它的设计理念是如何形成的，以及对世人的紫砂创作又将产生何种影响？笔者将从人类造物活动的起源到中国茶具发展的历史过程，对明代早期紫砂造型设计的的形成和发展过程进行剖析，以便探析金沙祖壶的设计原理和设计理念。

一、设计特征

设计的基本特征均体现在设计对象的物化形式之中，即物与物、物与人、物与环境的构建关系中，反映出人的审美意识和对生活方式的高度追求。当然，这只是围绕设计艺术而言。在工艺技术文献中关于设计特征的解释还有其他更多的内容，包括技术特征等。本文主要从设计的创造性、功能性、审美性和文化性角度来诠释金沙祖壶设计的基本特征。

1. 创造性特征

金沙祖壶，壶者，器也，这里指茶器，茶器首先应该从茶说起。世界上第一部茶百科全书《茶经》的作者唐代陆羽深受佛教思想影响，作为孤儿的他从小在寺院成长，成年后虽离开佛寺，但与僧人往来甚密，他一生最好的友人是唐代诗僧皎然。元代辛文房《唐才子传·陆羽》载："羽，字鸿渐，不知所生。初，竟陵禅师智积得婴儿于水滨，育为弟子。及长，耻从削发……扁舟往来山寺，唯纱巾藤鞋，短褐犊鼻，击林木，弄流水。……与皎然上人为忘言之交。"

从唐宋到明代，茶具随着功能和审美的不同也发生了很大的变化。陆羽《茶经》"四之器"中的"鍑"是二十五种茶具中的煮水器，茶叶直接投入其中烹煮，谓之煎茶。这种鍑脐很长，便于在煮水时充分接受热量。至于材质，陆羽认为生铁最佳，也有瓷、石或银的。

宋徽宗《大观茶论》中列举的茶具有碾、罗、盏、筅、瓶和杓共六种。宋代盛行点茶、斗茶，其中列举的瓶，也称汤瓶，就是煮水器，点茶时用来向茶盏注水；杓是舀水的器具，点茶时用来向盏注入沸水。"杓之大小，当以可受一盏茶为量，过一盏则必归其余，不及则必取其不足，倾杓烦数，茶必冰矣。"宋徽宗将杓重点列出，说明当时有两种点茶方法，一是用瓶注水点茶，二是用杓从鍑、铫等煮水器中舀出煮好的茶注入茶盏。

　　明洪武二十四年 (1391) 九月，明太祖朱元璋下诏废团茶，改贡叶茶 (散茶)，两宋时的斗茶之风消失殆尽，团茶被散茶代替，碾末而饮的唐煎宋点饮茶法变成了以沸水冲泡的瀹饮法，开启千古清饮之源。明初社会动荡不安，许多文人胸怀大志而无法施展，不得不寄情于山水间或移情于琴棋书画，而茶正可以融合其中，明初的茶人团都是饱学之士，其中朱元璋的第十七个儿子朱权著《茶谱》，开明代"文士茶"之先河。他们饮茶并非只浅尝于茶本身，而是将其作为表达志向和修身养性的生活方式，因此更强调品茶时的自然环境和审美情趣的营造，这在他的传世作品中得到了充分的印证。朱权《茶谱》中的茶具有茶炉、茶灶、茶磨、茶碾、茶罗、茶架、茶匙、茶筅、茶瓯和茶瓶十种，显然以朱权为代表的文士茶沿袭了两宋的煎茶法，使明代形成了煎茶法与瀹茶法并存的饮茶风气。《茶谱》中的茶瓯就是煮水器或煎茶器。明中期钱椿年 (生卒不详) 原辑，顾元庆 (1487—1565) 删校的《茶谱》(约1530—1541年成书) 记载了"煎茶四要"和"点茶三要"的内容，并说"茶铫、茶瓶，银锡为上，瓷石次之"。

　　晚明文震亨 (1585—1645) 在1621年成书的《长物志·卷十二·香茗》中说："而吾朝所尚又不同，其烹试之法，亦与前人异。然简便异常，天趣悉备，可谓尽茶之真味矣。"又说："茶壶以砂者为上，盖既不夺香，又无熟汤气，供春最贵，第形不雅，亦无差小者，时大彬所制又太小，若得受水半升，而形制古洁者，取以注茶，更为适用。"

明末周高起所撰《阳羡茗壶系》成书于1640年后，作为历史上第一本梳理紫砂壶发展脉络的专著，其中对紫砂渊源的记载有："故茶至明代，不复碾屑，和香药，制团饼，此已远过古人。近百年中，壶黜银锡及闽豫瓷，而尚宜兴陶，又近人远过前人处也。"由此可见，紫砂壶的兴起在明中期。《阳羡茗壶系·创始》中有这样的记载："金沙寺僧，久而逸其名矣。闻之陶家云，僧闲静有致，习与陶缸瓮者处，抟其细土，加以澄练，捏筑为胎，规而圆之，刳使中空，踵传口、柄、盖、的，附陶穴烧成，人遂传用。"并在《正始》中说："供春，学宪吴颐山公青衣也。颐山读书金沙寺中，供春于给役之暇，窃仿老僧心匠，亦淘细土抟坯，茶匙穴中，指掠内外，指螺文隐起可按。胎必累按，故腹半尚现节腠，视以辨真。"依此所据，后世均认为金沙寺僧和供春是紫砂陶成为陶瓷学科一个独立分支的开创者。而供春作为一个书童，窃仿老僧紫砂技艺成为宗师的故事，被世人传为佳话。供春也没有真正的作品留世，明代周高起也没有亲眼见过，只是从时大彬的仿器中知道其刻款。清代乾隆年间的吴骞也自叹福浅，"供春壶已世间不复存在了"。现藏于中国国家博物馆的核桃色供春款"树瘿壶"，由宜兴乡绅储南强于1928年发现，请黄宾虹识辨后捐赠国家，容量约300毫升。业内很多专家学者从泥质、大小、工艺、烧成等诸多方面考证，认为这把"树瘿壶"的特征与考古和典籍记载的不符。上海的施镇昌（1905—1978）于1941年得到了一把这样的树瘿壶，之后龚心钊、袁体明、宣古愚、吴湖帆等先生也先后得到过这种供春款树瘿壶。

吴大澂（1835—1902），著名收藏家，书法家，官至湖南巡抚。甲午战争期间因兵败返乡。他酷爱紫砂，曾邀请制壶名家黄玉麟（1842—1913）到家中制壶，两人合作设计这种树瘿壶，壶把下刻"供春"二字，盖内钤"玉麟"二字。一是怀念紫砂先辈"供春"，二是岁朝清供所旨，三是香茗供奉春天之意。也可能因为壶身通体肌理无法留款印，只能在壶把下面刻款以记之。几十年后，储南强收到此壶，误认为是黄玉麟为"供春壶"配了一个不合壶身的盖子，故请裴石民重新配盖，并于盖支口铭刻"作壶者供春，误为瓜者黄玉麟，五百年后黄宾虹识为瘿，英人以二万金易之而未能，重为制盖者石民，题记者稚君"。

清末　黄玉麟款供春壶
2010 嘉德秋拍作品

《中国美术辞典》"陶瓷篇"之陶瓷家记载："……供春，正德年间（1506—1521）为吴颐山书僮，曾随主人到宜兴湖㳇金沙寺向寺内静智和尚学习烧土制壶技术，久经钻研，技巧纯熟精练，后专业制壶为业……"

据史料记载，吴颐山于明正德甲戌年（1514）中了进士，在金沙寺读书应早于1514年，而书童供春应该是十三四岁的孩童，以此推算，供春出生应在公元1500年前，而"窃仿老僧心匠"时，此老僧应是静智法师。既是老僧，年龄也应该在五六十岁左右，据此推算，金沙寺僧始创紫砂壶的时间至少不会晚于明成化年间（1465—1487）。那此时是一个老僧？还是若干老僧？是一代老僧？还是若干代老僧已经在做壶了？那这些老僧当时的作品又去哪里了？这些问题一直困扰着我紫砂创作的心路历程，更值得我们后人一起追寻金沙僧迹，发掘紫砂祖庭。

《茶经水辨》和《茶经外集》这两部由僧人直接编纂的茶学专注,作者为歙人龙盖寺真清法师,还有一些僧人也参与过明代茶书的撰写。许多茶书作者虽非僧人,但也深受佛教禅宗思想的影响,从唐代开始禅宗成为我国汉传佛教的主流,后逐渐形成了农禅的传统,茶业也是寺庙开展农业生产的重要组成部分。明代茶书有许多记载僧人普遍饮茶且精于茶艺的内容。

自称"点茶僧"的圆后法师曾为《茗史》作序云:"唯咸著《茗史》,羽翼陆《经》,鼓吹蔡《谱》,发扬幽韵,流播异闻,可谓善得水交茗战之趣矣。浸假而鸿渐再来,必称千古知己,君莫重遭,讵非一代阳秋乎?"

陆树声《茶寮记》云:"终南僧明亮者,近从天池来,饷余天池苦茶,授余烹点法甚细……而僧所烹点,绝味清,乳而不黟,是具入清净中三昧者……适园无净居士与五台僧演镇,终南僧明亮,同试天池茶于茶寮中。"说明陆树声的茶艺是从僧人明亮处习得的,明亮禅僧烹茶技艺甚高。

中国佛教禅宗的形成、发展、传播等,与茶文化始终保持着高度一致。此现象在日本表现得最为突出,禅宗和茶道由中国传入日本后,禅成为日本茶道"和敬清寂"的精神支柱。

总而言之,紫砂壶在金沙寺诞生绝非偶然。在茶文化的演变发展中,茶壶作为茶事的主角,经过鍑、铫、执壶、瓶、汤瓶、茗瓶、注子、茶注、茶壶等一系列从名称到造型,到材质再到功能的更替,不难发现,金沙寺僧始创的紫砂壶,实属"无中生有"和"推陈出新"的伟大创物,完全符合划时代的创造性特征。

根据明代周高起《阳羡茗壶系》中记载的内容,以及宜兴明代古龙窑的特点,大致可以描绘出金沙寺僧始创的壶和供春壶的几个基本特征:容量为"受水半升以上",颜色为"栗色暗暗,如古金铁,敦庞周正",泥料为"细土淡墨色,上有银沙闪点,迨碙砂和制",烧制为"附陶穴烧成",壶体表面不免沾有釉泪火疵。金沙祖壶完全符合以上所有特征。

2. 功能性特征

设计的功能性特征是指人们在长期的生活方式演变过程中所产生的基本性需求体验。如体现在茶具设计方面，就是遵循以人为本，天、地、人和谐统一的设计理念，将人的生理和心理需求作为设计的根本出发点。设计者通过对饮茶方式、茶品特性、饮茶空间的组织与分析，将人性化的元素表现出来，使茶具的材质、造型、工艺不仅符合茶人生活的需要，更能体现出茶具使用的舒适给茶人带来的便利性，以及对茶品的发茶性。由此可见，设计的功能性是从满足人的需求角度出发，进行功能创新的设计行为。一方面使潜在的功能性充分发挥出来，另一方面通过采用新技术、新材料、新工艺增加和扩充设计的功能，使设计的功能不断得到创新和完善。设计从功能入手，主要通过系统研究、分析对象，探索潜在的功能需求，并不断创造新的功能系统。

茶史进入明代有了翻天覆地的变化，明太祖"废团改散"，禁造龙团凤饼紧压茶，只准芽茶、散茶进贡，此举颠覆了唐宋以来的制茶方法和饮茶风尚。但在朱权所撰《茶谱》中，通篇几乎还是关于宋代点茶、煎茶的内容。到了明中期钱椿年撰、顾元庆删校的《茶谱》中，则出现了"煎茶四要"和"点茶三要"的内容，曰："洗茶，凡烹茶，先以热汤洗茶叶，去其尘垢、冷气，烹之则美。"并说："候汤，凡茶，须缓火炙，活火煎。活火谓炭火之有焰者，当使汤无妄沸，庶可养茶。"又说："择品……茶铫、茶瓶，银锡为上，瓷石次之。"这就是明式煎茶法，将茶叶投入茶铫于炉上煎汤，其火候和汤茶比例的把握是关键。此所谓"点茶"，指点注已煎好的茶汤入茶盏，与宋代"点汤调茶膏"和"点汤击茶花"的意思完全不同。

明末　陈用卿款紫砂壶身　作者自藏

明晚期张源（生卒不详）在1595年前后成书的《茶录》中记载有冲泡法的内容，这是明代的另一种泡茶法，也叫"瀹茶法""探汤纯熟，便取起。先注少许壶中，祛荡冷气，倾出，然后投茶。茶多寡宜酌，不可过中失正。"又记载有"投茶"的内容："投茶有序，毋失其宜。先茶后汤曰下投；汤半下茶，复以汤满，曰中投；先汤后茶，曰上投。春、秋中投；夏上投，冬下投。"这种泡法沿用至今，就是当下我们日常的散茶冲泡法。

总而言之，由于朱元璋的贡茶改革，明代至少出现了两种饮茶方法，煎茶法和瀹茶法。由于紫砂壶"盖既不夺香，又无熟汤气"的特点，故"茶壶以砂者为上"，紫砂壶成为煎茶、泡茶的最佳选择。

从一些出土的紫砂壶来看，明中晚期以紫砂为器煎茶烹汤的现象已经十分常见了。1966年在南京市中华门外马家山油坊桥发现了明嘉靖十二年（1533）太监吴经的墓葬，出土一把紫砂提梁大壶。这是迄今为止，可考的最早的紫砂壶。它的基本特征，如泥料、烧成工艺及气氛、制作技法，与1976年羊角山古窑址出土的紫砂壶残器完全一致，皆属明代早期紫砂，也称"砂铫"。但明代早期紫砂器所用泥料为紫砂矿与缸土混采混用，紫砂纯度不够，故早期紫砂壶显得比较粗糙。

现藏于宜兴市博物馆的一把时大彬早期作品，出土于无锡市的一个明清墓葬群，该壶仅有较完整的壶身，壶盖、壶嘴、壶把均已缺失，壶底铭"时大彬于畇柯阁制"款识。从壶嘴根部断口可以看到钱币状出水孔，是为防止茶叶随茶汤冲出而设置的结构，可见作为煎茶法、泡茶法兼用的明代紫砂壶的基本特征。

隐元禅师（1592—1673）在日本弘法时，开创了禅宗的另一个宗派——黄檗宗，同时也将明代的煎茶法引入日本，由此形成了颇具影响力的日本"煎茶道"。隐元禅师东渡时，闽南的功夫茶尚未形成，茶叶依然采用传统蒸青工艺进行加工，饮茶时将茶叶直接投入茶铫煎煮，然后出汤品饮。黄檗寺保留的隐元禅师遗物中有两件煎茶用的茶铫，底部都有炭火烧过的痕迹，茶铫中还留存着禅师当年喝剩的茶渣。其中一件就是时大彬所制紫砂壶，形制较大、侧把。

从壶底炭火烧黑的痕迹和硕大的容量来看，都是直接上炉煎茶烹汤的煎茶器，与唐宋盛行以金银制壶烹汤不同，明代盛行用紫砂来制壶烹汤，紫砂壶既可作为煎茶法的煎茶器，又可作为泡茶法所需的煮水器。

明太祖朱元璋第十七子朱权所撰的《茶谱》内容上承唐宋点茶旧法，下开明清冲瀹先声。朱权自序："予故取烹茶之法，末茶之具。崇新改易，自成一家。"唐宋点茶用杓从鍑铫中舀茶进行分茶，"杓之大小，当以可受一盏茶为量"。

金沙祖壶从功能性特征来看：壶口较大，瓢杓可自由出入进行舀茶、分茶；容量较大，达1420毫升，符合煎茶器的使用特征；底部有炭火烧黑的痕迹，壶内也有当年禅师用过残存的茶垢，说明当年禅师就是当作煎茶器使用的。与隐元法师的遗物时大彬壶同为侧把，手感稳重舒适，但从窑火、砂料、形制等特征来看比时大彬壶的年份要早。

3. 审美性特征

紫砂壶讲究主观表达,也就是说,紫砂壶的设计美学是从艺术表达层面上去研究创新的,又要兼顾材质的特性、功能的使用、成型的工艺、窑炉的烧制。所以说,从设计到成品的整个过程,最后是一把窑炉的"火"来定终身,俗称"陶瓷是火的艺术"。

对于紫砂设计中"美"的认识,纯粹的审美可能只是小众的趣味,要满足各个阶层的审美,需要达到"喜闻乐见"的境界,这才是一种共通的东西,便于人们在同样的设计语境下的交流、创作和思考。由此可见,紫砂壶的美是经过各种设计手段平衡之后的美,更确切地说,是从形式、意图、材质、功能、工艺、窑火等诸多方面,经过酝酿、平衡取舍之后产生的。紫砂壶的平衡之美,不仅是"美观"的外在形式,更多的是"美满"的内在因果关系。值得注意的是,在这种平衡结构下,紫砂壶设计成果无法由作者完全控制,它受策略的指引、内容的影响、工艺的局限和目标的限制,这种复杂关系整体构成了设计的表达语境。所以,紫砂壶设计是受限制的,在复合的表达语境下,设计能否具有视觉冲击力,表达是否极致,关键在于设计者本身是不是一个有着深厚的文化底蕴、丰富的审美经验,懂茶、爱茶,同时具备高超的工艺技术的"制壶人"。

金沙祖壶不仅有外在的"美观",并且达到了内在的"美满",看似完全貌合神离的对立关系,在这把壶上通过平衡整合达到了高度统一。金沙寺僧按照平时生活中"喜闻乐见"的橡果造型设计壶身主体,按出行必备遮阳避雨的斗笠帽设计壶钮,根据佛耳形象设计壶把,主题明确,符号性极强,且禅意深刻。体量硕大,符合明代茶文化的需求,可煎可泡。"附陶穴烧成"留下的釉泪、火疵与紫玉金砂的胎体交相辉映,火的艺术体现到极致,整体造型超凡脱俗、刚柔并济,与先秦《考工记》中"器完而不饰""材美工巧"相比,有过之而无不及。

宋 宜兴窑黑釉茶瓶 作者自藏

4. 文化性特征

　　设计的文化性特征是指将一种抽象的文化理念物化为作品的表征, 是设计者与作品的文化沟通, 以赋予作品更加丰富的内涵, 进而唤起使用者对其文化梳理与自然环境的记忆。

　　金沙寺僧大约在明成化、正德年间始创金沙祖壶, 当时正值中国的茶文化转型期。茶在唐代以前, 是作药用或食用, 到了唐代制茶工艺日趋成熟, 茶成了皇室、寺院、士大夫们喜爱的饮品。陆羽《茶经》曰:"茶道大行, 王公朝士无不饮者""为饮最宜精行俭德之人"。宋徽宗的《大观茶论》遵循唐代茶道, 追求茶的真味, 唯恐辱了茶的"清尚"。明代朱元璋"废团改散"后, 朱权在《茶谱》中提出以茶悟道, 即探究造化也要从烹汤煎茶, 甚至是采摘烘焙开始, 从体会自然其味向着体悟自然之道步步升华。《茶谱》提出茶的三重功效:"一日可以助诗兴而云山顿色, 二日可以伏睡魔而天地忘形, 三日可以倍清谈而万象惊寒。"正符合僧人禅茶一味、饮茶禅修的禅宗思想。中国历史上不乏隐者、山人, 明代特别是明中后期的社会存在浓厚的隐逸之风, 大批或清高自诩, 或不乐仕进, 或科举失利的文人选择了逃名避世、远离政治的隐逸生活, 甚至有些直接剃度出家皈依佛门, 茶自然成了隐逸文化的象征。自然之味、天地大美, 胜过任何功名利禄。他们寄情山水并非消极厌世、逃遁躲避, 而是以林泉为师友, 以诗画作言语。"俗世不扰皆虚妄, 红尘不惊好修行", 正是风骨文人们清贫朴素的美学价值观。禅宗有"大隐隐于市, 小隐隐于林", 淡然于天地间, 觅一方安详。闻风雨, 听山言, 修禅悟。

十有九人堪白眼

泉鳴先生

雅正丁卯

百無一用是書生

李闡

茗農

自佛教传入中国，许多文人学士深受佛教思想的影响，与僧人往来甚密，明代茶书普遍认为饮茶与僧人、寺院相宜。陆树声《茶寮记》载："其禅客过从予者，每与余相对，结跏趺坐，啜茗汁，举无生话。……是具入清净味中三昧者。要之，此一味非眠云跛石人，未易领略。余方远俗，雅意禅栖，安知不因是，遂悟入赵州耶。"冯时可为夏树芳《茶董》作序道："夫茶有四宜焉……宜其人，则名僧骚客，文士淑姬。否则茶韵调大不相偕，不亦辱乎？"又如黄龙德《茶说》："僧房道院，饮何清也，山林泉石，饮何幽也。"再如曹士谟《茶要》载："禅房佛供，丹鼎天浆，茶之超脱也。"士人之所以认为茶和僧人、寺院最为相宜，原因在于他们有相通的地方，茶使人心绪宁静，而僧人修行正需要去除烦恼。

许次纾的《茶疏》之"茶所"载："小斋之外，别置茶寮。"而陆树声写了《茶寮记》，说明茶寮本为寺中的品茶小斋，士人普遍以这种饮茶小室为尚，是受了佛教禅宗思想的影响。他们在茶寮中品饮悟禅，营造禅茶一味的境界。

世间名山僧占多。寺院禅风的兴起，禅僧与茶寮密不可分。文人与禅师交往，逐渐受其影响，出现文人参禅、僧人从艺的现象，文人美学与禅宗美学交相辉映。文人美学的品味可以体现在制壶的五色土和造型功能上，也可以体现在茶寮的家具陈设的款式和书画装饰的内容中，更可以体现在琴、棋、茶、香、花等与道场相关的道具上。文人风雅，文人美学的品味，也可以表现为一种抽象精神，也可能彰显为茶盏的意蕴和气质，也可能展现为书画的意境和思想，更可能体现于茶的修行、琴的知音、棋的智慧、花的诗意。这就是文人的情怀和意趣。

"金沙泉畔金沙寺,白足禅僧去不还。"（吴骞《阳羡名陶录》），白足禅僧即静智法师,他与文人雅士煎茶品饮,参禅悟道,并亲自制壶,烹金沙甘泉,煎阳羡贡茶。忆东坡《试院煎茶》"且学公家作茗饮,砖炉石铫行相随",岂不快哉。唐代陆希声诗云:"茶芽香碧竹菇红,阳羡溪山梦寐中。""吴中山水宜兴好,曾在京华得饱闻。"明代吴宽曰:"今年阳羡山中品,此日倾来始满瓯。"吴经曰:"小团龙凤春前雨,画画楼台水面山。"邵宝曰:"人忆荆溪上,茶来谷雨前。两封专走仆,七碗或通仙。露荈兼将笋,风漪已使泉。东坡诗句在,歌罢一冷热。"吴俨曰:"雨坼灵芽我发船,北风吹断碧山烟。一杯未解文园渴,七碗何能到玉川。品茶世独推阳羡,评水人多说慧山。今日相从调众口,莫教胜沸鼎铛间。"祝枝山曰:"尝遍江南七品泉,浙游复汲玉河煎。潇洒夜雨来窗外,芥谷秋云起座前。"文徵明曰:"地炉相对两离离,旋洗沙瓶煮涧澌。邂逅高人自阳羡,淹留残夜品枪旗。枯肠最是搜诗苦,醉眼翻怜得卧迟。不及山僧有真识,灯前一啜愧相知。"唐伯虎曰:"清明争插河西柳,谷雨初来阳羡茶。"

透过时空,唐贡山下、金沙泉畔,静智设茗宴,邀名僧雅士。烹金汤,煎枪旗,赏禅壶,竹炉沸声时与空山松涛响答。致足乐也!

（左图）清　提梁铜罐　3000毫升　作者自藏

附　古画与茶（之二）

　　画面中两人相对坐于地，年少者双手捧紫砂壶，仰头面向年长者，若有所问；年长者右手抚下颏，若有所答。二人神态喜乐恬淡。年长者身后条几上的花瓶内插着玉兰花，画面左下角风炉上搁着的东坡提梁壶似正烧水，旁边放着蒲扇，表现了初春煮茶问道的景致。

明　佚名
煮茶问道图轴
绢本设色
纵 30.2 厘米　横 22.5 厘米

西安美术学院藏

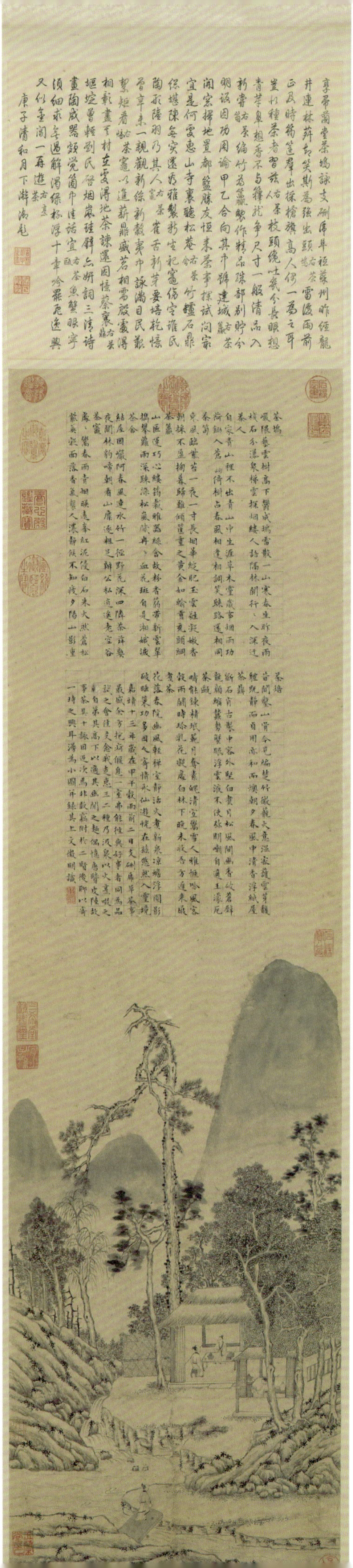

茶事图轴

明　文徵明
茶事图轴
纸本设色
纵 122.9 厘米　横 35 厘米

台北故宫博物院藏

文徵明一生嗜茶,曾自谓"吾生不饮酒,亦自得茗醉"。《品茶图》作于明嘉靖辛卯年(1531),
作者时年六十二岁,自绘与友人在林中茶舍啜雨前茶的场景。画面上部题款:"碧山深处绝纤埃,面
面轩窗对水开。谷雨乍过茶事好,鼎汤初沸有朋来。嘉靖辛卯,山中茶事方盛,陆子传过访,遂汲泉
煮而品之,真一段佳话也。徵明制。"陆子传即陆师道,是文徵明的学生。图中草堂,是文徵明与好
友聚会品茶的地方。三年后,嘉靖甲午(1534),文徵明又画《茶事图》,并在画上题晚唐诗人陆龟
蒙茶具诗十首,画面与《品茶图》相似。在山水园林幽静清雅的茶舍里,读书看画、品茗独坐、接友
待客、长日清谈。这也正是明代文人所追求的理想生活。

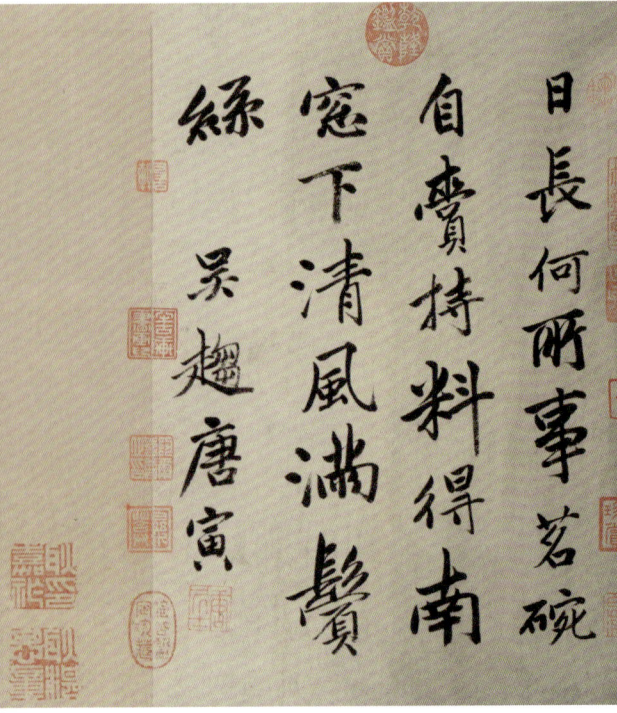

日長何所事茗碗
自賫持料得南
窻下清風滿鬢
綠　吳趨唐寅

明 唐寅 事茗图 纸本设色 纵 31.1 厘米 横 105.8 厘米 故宫博物院藏

　　《事茗图》画面左右两侧以悬崖、树石遮挡，峰岚秀起，山间飞瀑鸣泉，山下流水潺潺。茅屋数间，开轩面水，似世外桃源。双松下茅屋中，坐一读书之士，桌案旁有壶盏，隔间里屋有童子在烹茶。屋外一老者拄杖于桥上缓缓而来，抱琴童子紧随其后，画面秀逸之气扑面而来。画面左部自题："日长何所事，茗碗自赏持。料得南窗下，清风满鬓丝。吴趋唐寅。"可谓当时文人隐迹山林，寄情于瀹茗闲居生活的写照。画面右上有清代嘉庆皇帝题诗："记得惠山精舍里，竹炉瀹茗绿杯持。解元文笔闲相仿，消渴何劳玉虎丝。甲戌闰四月雨余几暇，偶展此卷，因摹其意，即用卷中原韵题之，并书于此。御笔。"

明 仇英
东林图（局部）
绢本设色
纵 29.5 厘米　横 136.4 厘米

台北故宫博物院藏

此画中草堂前坡石参差、杂树成林。轩斋中两文士对坐相谈正欢，林下石案上摆着茶具。石案前，一童子正于风炉前执扇煮茶。款署"仇英实父为东林先生制"，钤印"实父""仇英""十洲"。

明 王问
煮茶图卷（局部）
纸本 水墨
纵 29.5 厘米 横 283.1 厘米

台北故宫博物院藏

王问（1497—1576），明代中期文人画家，字子裕，号仲山，江苏无锡人。

　　《煮茶图》是继王绂《竹炉煮茶图》后的又一幅以竹炉煮茶为题材的画作。画面左边一文士席地而坐，正欣赏着自己刚写完的长卷，一书僮帮助展卷；右边一文士正对着竹炉候汤烹茶。

明 尤求
钓船享茗册页 人物山水之五
纸本设色
纵 32.5 厘米 横 21.9 厘米

上海博物馆藏

尤求，字子求，号凤丘，一作凤山，长洲（今
江苏苏州）人，移居太仓。工山水兼人物，继仇英
以名世，尤擅白描。

《钓船享茗》画柳荫下江中一船，船头有高
士垂钓，佐以香茗；船尾有僮子对风炉烹茶。船
中还摆放古琴、书籍和卷轴等，足见主人情趣之
高雅。

明　丁云鹏
玉川煮茶图
绢本设色
纵 137.3 厘米　横 64.4 厘米

故宫博物院藏

　　此画中卢仝坐于蕉林修篁下，手执羽扇、目视茶炉，正专注地候火于鼎。图右下一长须翁提砂壶汲泉，左边一赤脚婢，双手捧茶点盘。画面人物神态生动，描绘出在大自然中煮泉品茗的安逸闲适场景。画面左上角落款：小篆体题"玉川煮茶图"，楷体"壬子冬日为逊之先生写于虎丘僧寮。丁云鹏"，下铃"云鹏""南羽"二印。

　　丁云鹏（1547—约1628），字南羽，号圣华居士，安徽休宁人。能诗，画佛像得吴道子笔法，白描学李公麟，设色学钱选，以精工见长。

明　崔子忠
杏园雅集图轴（局部）
绢本设色
纵 153.7 厘米　横 52.4 厘米

美国加利福尼亚大学伯克利分校景元斋藏

此图描绘了文人们在春夜的杏园设宴的情景。主人盘坐椅上，手执茶杯正与朋友品评一幅画。两仕女抱着画卷轻声而语。园中杏花纷纷，奇石秀美，再加上仆人在一旁煮茶伺候，成为文人休闲生活的典型画面。

　　崔子忠（约1574—1644），字道母，号青蚓，山东莱阳人。寓居北京，专事绘画创作。擅人物、仕女，取法高古，兼工肖像画。与陈洪绶齐名，有"南陈北崔"之称。

明 陈洪绶
高隐图卷（局部）
绢本设色
纵 30 厘米 横 142 厘米

王己千藏

《高隐图》卷中部，画石案上二人下围棋、三人观棋。画面右部石上有一捆画轴和香炉。此图为画的左部，画一人跪坐，正于风炉前烧水。他左手持扇、右手托头，看着红红的炉火，静听水沸声，等待水沸泡茶。石案上除风炉外，还放着紫砂茶壶、水方和茶盏等，旁边树桩案上插着盛开的绿萼梅。

二、设计理念

金沙祖壶的设计意识牵涉到明代社会系统中的文化共识以及茶文化的精神需求，具有文化感觉模式的时代性。金沙寺僧以人为本，以自然为基础，加上自身的禅宗美学修养，和长期积累的专业工艺技巧，通过名僧雅士独特的"文士茶"生活方式，形成了独特的思维方式。他们将丰富的想象力和科学严谨的造型能力、自身精湛的工艺技术完美结合，有意无意间抓住了"示能性"的精髓，为紫砂壶制作开辟了先河。所谓"示能性"指的是宏观秩序为我们提供的"价值意义"。金沙祖壶的设计，已经不能简单地用知觉理论来说明了，它其实否定了一些传统的知觉理论，如唐宋的鍑、铫、瓯、壶的外形和材质；提梁、横把和耳把的力学手感等。当我们靠近金沙祖壶时，茶寮、家具等本身都没有变化，此时我们其实在看"纹理砂粒"和"表面火疵"。而这些"纹理""表面"随着我们视线的移动看上去在发生变化，正因为这变化，才让我们明白空间本身没有变化。我们正是体验了"纹理""表面"的变化和不变，才感知了环境。让茶生活在不变和变化共同存在的环境中的我们，能够认识周围的世界。金沙祖壶的设计证明了设计意识的哲学渊源和实际价值。

明 锡制茶罐 私人藏

现代 湘妃竹茶罐 作者自藏

三、设计元素

设计元素是构成设计的重要素材，这些素材在未经整理时大多是零星的、局部的，并处于各不相关的分散状态，需要创作者有选择性地使其整合为有机统一、骨肉丰富的整体，这一整合过程就是选择、提炼和审美加工的过程。整合的方法也是由浅层芜杂的直观感性，凝聚为深层的审美创造，这也是一个艺术升华的过程。通过这一过程，设计素材就成了蕴含创作者深层思维和鲜明情感的一组设计元素。依据设计元素的特征，可分为概念元素、视觉元素和实用元素。

1. 金沙祖壶设计的概念元素

概念元素是指那些并不实际存在，但从人们的意识中又能感觉到的元素概念，如壶钮斗笠顶部交界处的点，造型轮廓的边缘线，壶体壶盖的面。点，在数学上的解释是线与线相碰而成的交点；线，是点的移动轨道，有长短、粗细之分，又有直线、折线、曲线三大类；面，是点线的集合体，有大小、形状之分，又有直线面、曲线面和偶然形成的面三种形态。

处于金沙祖壶壶体中轴线的壶钮，是采用直观形象的方法依据生活中遮阳避雨的斗笠帽制作的为壶钮，是通过抽象思维变化而成一个几何形三角锥，顶部自然交叉向上成一个点，既在中轴上，又形成顶部的点，还是整个壶体的出气孔，不偏不倚，构成整体结构的画龙点睛之笔。

壶体线条流畅，张弛有度，壶流采用唐代长沙窑短流的设计风格，刚劲挺拔的直线与壶钮的三角锥上下呼应，壶身壶盖浑然一体，同样是采用辩证关系中直观形象到抽象思维的设计逻辑，把寺山后的植物橡果形象概括提炼成茶壶主题，半圆形曲线的盖，椭圆形曲线的壶身，舒展自如，开合得体，壶把为侧把，富有弹性的线条肥瘦适度，魅力无穷。

　　壶盖、壶身整体统一，自由曲线形弧面，收放自如，圆润饱满。

　　从金沙祖壶整体的设计概念元素看，点、线、面的组合和拓展灵活多样，形式独特，审美形象丰富多姿，主观性和客观性，特殊性与普遍型，抽象性与具体性达到了极高的辩证统一。大音希声，大象无形。

2. 金沙祖壶的设计视觉元素

视觉元素, 通常是通过视觉直觉得到体现的, 如物体、图形的大小、形状、色彩等内容。

金沙祖壶是从煎茶使用的角度思考设计元素, 体量颇大, 1420毫升容量, 视觉冲击力直指人心。外观造型结构元素, 以日常生活中常见的橡果和斗笠帽作为设计视觉元素, 形象鲜明, 一目了然。佛耳相的壶把设计, 给人以顶礼膜拜的视觉暗示和心理感知。精致的三角锥壶钮与雍容饱满的壶体产生了强烈的对比, 矫健刚直的短流与典雅冗长的佛耳侧把拉开了巨大的反差。高高在上的视觉中心点牢牢掌握壶体上下左右的空间分割与视觉平衡。整体色彩黯肝酱紫, 金黄粗砂, 疏密有致。壶钮砂面若隐若现。"附陶穴烧成"的釉泪、火疵经打磨后胎体透黑, 金砂尤为突显, 彰显紫玉金砂的实物标本。一把壶承载如此多的视觉元素, 其背后的逻辑思辨和信息传递又是如何的, 唯有通过时间与空间给世人以启迪。

3. 金沙祖壶设计的实用元素

　　实用元素指设计所要表达的含义、内容、设计目的及功能的体现。金沙祖壶的设计以人为本、以实用为先的理念创始于明代中期。纵观中国茶文化历史，壶始终是茶席茶宴和文人雅集的主角，无论名称是鍑、铫、执壶、柄壶、瓶、汤瓶、茶瓯和茶壶等。晚唐五代以前基本出现了三种类型的壶，一类是敞口，鼓腹，曲把，短流，原来是用于汲水、盛水、注水，后来用来盛装沸水，注汤点茶；一类是小口带盖、鼓腹、横把、短流，这类壶出现稍晚，用于盛水、煮水、注汤、点茶。横把式把手在炉上煮水，不易烫手。宋代开始，茶事壶瓶作为煎茶器，"黄金为上，民间以银、铁或瓷石为之"成为重要角色，既是容器又是技器。明早期开始"茶铫、茶瓶，银锡为上，瓷石次之"，明中期开始名僧雅士是茶文化的主流，他们返璞归真，以自然为师友，"汤瓶，瓷器为上，好事家以金银为之"，明中后期又出现了另一种泡饮法，即瀹茶，以壶或铫煮汤，然后注汤于作为泡茶器的壶，再投茶入壶。由此可见，金沙寺僧禅修于金沙寺，"闲静有致，习与陶缸瓮者处，抟其细土，加以澄练"，始创金沙祖壶，"附陶穴烧成""天有时，地有气，材有美，工有巧"，顺理成章，自然而然。"人遂传用"。晚明文震亨《长物志》云："茶壶 以砂者为上，盖既不夺香，又无熟汤气。"

　　金沙祖壶在茶文化及茶具的不断求新、求变、求发展的过程中，以其独特的造型、特有的材质、精巧的工艺脱颖而出，构建了积极、生动的视觉效果。金沙祖壶对于唐宋以来传统的茶道具来说，是一种与众不同的发现、想象和再创造。个性鲜明的标新立异，使壶的实用功能与禅宗美学发挥到了极致，前无古人，后无来者。

114

清 铸铁炭炉 作者自藏

第四章
金沙祖壶的
工艺技术特征

一、宜兴制陶历史概论

宜兴古称阳羡，地处江苏西南部，苏浙皖三省交界处，东濒太湖，南部峰峦叠嶂，竹木茂盛，西北部为肥沃的平原，溪流纵横，物产富饶，地灵人杰，交通便利，堪称"鱼米之乡"。先民们早在7000多年前的新石器时代，就在这片土地上"渔樵耕陶"，烧造原始陶器。宜兴陶瓷业在三国、两晋、南北朝时期发展迅猛，唐宋时为繁荣期。宋代五大名窑" 哥、官、汝、定、钧 "瓷器的出现，开创了陶瓷器皿新的美学境界，其时不仅重视釉色和造型的完美，更追求沉稳凝重的质地之美。紫砂陶作为一个独立的门类，在北宋时期崭露头角。随着饮茶风尚的变化，唐煎宋点演变到明代先煎后瀹的冲泡法，紫砂壶应运而生，在明代中后期发展成熟，制壶行业名家名作辈出。

宜兴制陶历史悠久，器物种类繁多，古窑址分布广泛，瓷片堆积丰富，出土陶瓷器物存世较多。宜兴古窑址的发掘，对研究中国古代陶瓷发展的脉络具有重要的价值，为我们今天研究紫砂壶的起源也提供了重要的线索。

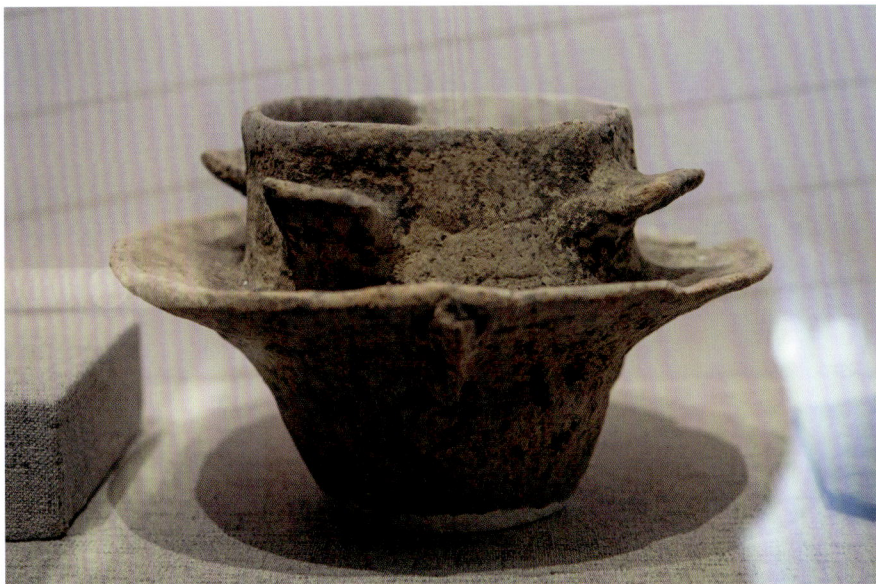

新石器时代马家浜文化
平底腰檐釜
宜兴骆驼墩遗址出土

宜兴陶瓷博物馆藏

1. 骆驼墩遗址

　　距今约7300年，遗址在今宜兴市新街街道夏姜村唐南自然村。20世纪70年代，当地兴办了一座砖瓦厂，在骆驼墩一带取土时，出土了大量磨制精美的石器、陶器和玉器。平底腰檐釜为骆驼墩遗址的代表器物。2001——2002年，由南京博物院考古研究所和宜兴市文管办组成联合考古队，对该遗址进行了较大规模的发掘，发现马家浜文化时期的墓葬52座，瓮棺葬39座，灰坑5座，房址3座，大型螺贝堆积遗迹1处，祭祀遗迹4处。发现崧泽文化、良渚文化墓葬和灰坑多座，其时间跨度从距今7300年前后至距今2000多年，共延续4000多年，发现石器、陶器、骨器、玉器400余件，各类动物骨骸2000余件，炭化稻米2000多颗，被中国社会科学院考古研究所评选为2002年度全国六项重大考古发现之一。

117

2. 西溪遗址

　　距今约7000—6000年，遗址在今宜兴市徐舍镇芳庄溪东村西溪自然村。西溪遗址于1984年文物普查中发现，经国家文物局批准，南京博物院考古研究所和宜兴市文管办联合成立考古队，分别于2002年和2003年对该遗址进行了试发掘和第一阶段主动性正式发掘，证实了西溪遗址为马家浜文化时期的一处大型聚落遗址。该遗址发掘出土的实物有形体硕大的缸，制作精美的鼎、匜、盉，打磨精致的石斧、石锛，古拙可爱的陶猪，母羊背子陶塑艺术品，雕刻生动的鱼。再结合遗址中的各种遗迹，可以想象六七千年前，这里生活的先民们，过着日出而作、日落而息的农耕生活，炊烟袅袅，鸡犬相闻，鱼米飘香，舟船相往，呈现出一派祥和、自然浓郁的生活气息。

汉代　灰陶瓦当　私人藏

汉代 灰陶瓦当 私人藏

3. 凤凰村古窑址

　　时间约为东汉至明清，遗址在今宜兴市张渚镇凤凰村。该遗址分布在张渚镇西北部丘陵地带三个低矮的土台之上，遗址南侧是绵延的低矮丘陵山地，平均海拔约10米。凤凰村遗址于2019年宜长高速公路（张渚互通段）建设施工前的考古调查勘探中发现，经过历时225天的考古，共发掘清理出宋代窑址17座，东汉晚期至明清古墓葬24座。其出土遗物包含的瓦当、滴水、板瓦、筒瓦等建筑构件，以及瓦当模具、陶拍等，还出土有青瓷碗、黑釉白彩绘瓷碗、陶质韩瓶、陶盆等生活用器残片。墓葬内出土随葬品，有青釉瓷碗、盏、青瓷罐、陶罐、铜钱等。凤凰村窑址及出土文物的发掘，为判断窑址的年代，研究窑炉烧造的窑具模具及东汉至南宋的砖瓦窑建造和烧造技术等提供了实物资料。

4. 小窑墩遗址

　　西晋延烧至宋, 遗址在今宜兴市丁蜀镇周家村分洪桥西境内, 小窑墩遗址为一东西方向的长条形斜坡状高墩, 属龙窑结构, 窑址正中可见一条凹槽, 是龙窑倒塌后的遗存。该窑的文化堆积十分丰富, 包含三个不同时期的文化堆积层: 下层为西晋时期的堆积物, 产品主要为青瓷器, 胎质坚致, 色泽灰白, 个别露胎处呈淡红色, 釉色淡青或青中泛黄; 中层为唐代遗存堆积物, 产品仍是青瓷器, 胎质致密灰白, 淘练精细, 釉色浅青、青绿或茶绿色; 上层为宋代堆积物, 大多为大件缸瓮等黑货陶器, 该层未见窑具。小窑墩遗址是宜兴现存窑址中烧造年代较早, 保存较为完好的窑址之一, 具有较高的历史研究价值。2006年5月公布为全国重点文物保护单位。

宋　黄白釉水盂　私人藏

121

5. 涧㴩龙窑遗址

　　唐代窑址, 遗址在今宜兴市丁蜀镇桃渊村涧㴩自然村。涧㴩龙窑遗址于1975年在普查古窑址过程中发现, 1976年5月, 南京博物院会同宜兴陶瓷公司对遗址进行了发掘。2006年5月公布为全国重点文物保护单位。

　　该龙窑利用土墩自北向南倾斜的地势建筑窑基, 窑基尚有空穴、挡火墙、窑床等, 部分保存较好, 尾部已残缺。涧㴩龙窑烧制的产品比较简朴, 以民间日用的碗、钵、罐、盘、碟、灯盏为主, 兼烧盆、瓶等其他产品。釉色大部分为青釉, 色泽清新光亮, 颜色细分有茶绿、青绿、浅青, 多数属青绿泛黄。釉面厚薄大体均匀, 也有少数褐色或酱色釉, 还有少量青釉或酱色釉上挂有黑褐色的彩斑。

　　涧㴩龙窑遗址的烧造历史未见于文献记载, 从产品特征上看, 其时代大致属于唐中晚期, 是江苏省内最早进行科学发掘的窑址, 具有十分重要的科学研究价值。

宋　黑釉渣斗　私人藏

123

6. 真武殿古窑群

唐代中晚期延烧至宋代，遗址在今宜兴市新街街道水北村真武殿自然村，于1984年文物普查中发现。古窑址原规模较大，现真武殿村及周围均属窑址范围，由于早年平地整田及村民建房等，部分窑址被挖毁，现存窑址为一东西走向的小山丘，东西长350余米，南北宽约80米，其中分布窑墩10余座。真武殿窑群的窑址皆为龙窑结构，从现存窑址的规模看，属当时宜兴地区生产日用青瓷器的主要窑场之一。该窑群目前保存较好，通过进一步深入调查研究，对于了解唐宋时期宜兴乃至全国越窑青瓷的生产情况具有重要价值。2006年5月公布为全国重点文物保护单位。

7. 筱王村古窑群

宋代古窑址，遗址在今宜兴市西渚镇五圣村。筱王村古窑群主要分布在五圣村的筱王、大地、中窑、下窑、五圣、潘山岕、包家等自然村，已发现的古窑址有20余处，2006年5月公布为全国重点文物保护单位。

筱王村古窑群，烧造年代为宋代，部分窑址延烧至明初，其产品主要有四系坛、四系罐（俗称韩瓶）、小缸、执壶、瓶、盆等。筱王村古窑群遗址分布范围比较广，据传共有90余座。除西渚五圣村外，在溧阳市戴埠的神山、东干、宥里等地也有分布。从堆积物看，其延烧时间较长，产量巨大，是宋代宜兴日用陶瓷的主要产地之一。

宋
宜兴窑紫砂匜口罐

宜兴陶瓷博物馆藏

8. 羊角山古窑址

其年代约在北宋至明清，遗址在今宜兴市丁蜀镇蠡墅村西北。1976年7月宜兴红旗陶瓷厂在基建施工时，于"新建窑"窑墩附近发现大量早期紫砂及欧窑器残片。开掘情况表明，"新建窑"断层显露很清楚，其下部为"外窑"的窑身，"外窑"窑床厚达2米，最底层宽度2.9米，厚约0.3米；中间一层宽2.45米，厚0.45米；上部窑身宽度逐渐变窄约2米，窑底厚达1米。在"新建窑"和"外窑"断层以北有一个断层残留，十分清晰，大致可分为四层。

第一层平均厚度约4米，为近现代陶窑废品堆积物，多为缸、瓮、黑货盆等。

第二层为混合层，平均厚度2—3米，有缸、瓮和瓯窑产品残片及早期紫砂壶的壶把、壶嘴等残片。

第三层厚1—1.5米左右，是一层极为明显的早期紫砂堆积层，整个断面呈灰紫色，又可细分成：3A层、3B层、3C层，每层平均厚度约0.4米。在3A层找到一只玉壶春式釉陶注壶和肩部有菱花形装饰的陶瓷，这种壶式在元代瓷器中较为流行，此陶壶没有把手，是从瓷器的器型演变而来，故3A层年代可认为是元末明初。3B层、3C层主要堆积物为早期紫砂壶嘴、壶把、壶盖及壶身等。发现的紫砂胎质与陶缸泥质相比，较为细腻，断面呈紫黑色，常有火疵现象，说明当时窑炉还是柴烧，还原气氛颇重。

第四层为倾斜的黄土层，与3C层相交，明显是人工填成，在黄土层南端及"外窑"窑身均发现北宋中期江南地区常见的墙砖垛，可依此解释断层中第四层与3C层的相互关系——第四层黄土层是为建造"羊角山古窑"填成的，3C层则是古窑初期废品堆积。因此，第四层与3C层应是同一时期，可早到北宋中期。

从羊角山古窑址废品遗物中发现的早期紫砂器主要是壶、罐两大类。壶类有高颈壶、矮颈壶、提梁壶、六方长颈壶、方圆结合壶。罐类，早期紫砂罐类较为单调，大体有高颈罐与矮颈罐两种。罐肩部饰横系，器型扁圆，有的带流，有的无流，有的带短把手。欧窑残器以花盆居多，造型有椭圆、四方、六方、菊瓣形等，盆足为云足，胎壁轻而薄，大部分为白泥胎，断层较致密，釉色月有 白、淡绿、乳黄、浅灰诸色，还有少量仿哥窑裂纹片釉。

羊角山古窑址早期紫砂和瓯窑器的发现，为研究宜兴陶瓷史以及宜兴紫砂的起源和发展历史提供了实物证据，给我们以新的启示：

①"羊角山古窑"的年代，上限应不早于北宋，盛行于南宋，下限延至明代中期。理由是：其一，此处发现六朝墓础，说明六朝时还是荒废的墓地；其二，断层第四层中的乱砖与北宋中期南方流行的小墓砖相似；其三，早期紫砂的龙头形壶嘴与北宋江南墓葬中常见的龙虎瓶手法极为相似，而双条形把也是隋唐至宋代瓷器中较为流行的一种形式，南宋以后则不再出现。

②早期紫砂器的发现，对于研究宜兴紫砂的发展历史，提供了重要的实物资料。根据文献记载和传世实物，一般认为宜兴紫砂始于明代，为金沙寺僧所创，也有人引用北宋梅尧臣《宛陵集》卷十五的"寄茶诗"："小石冷泉留早味，紫泥新品泛春华。"还有用北宋苏东坡 "松风竹炉，提壶相呼" 等诗句来推论宜兴紫砂应始于北宋，诗中提到的"紫泥新品"和"提壶" 虽无实据证明就是紫砂壶，但从古窑遗址残件，足以看出宋代饮茶风尚中煎茶道尤为文人称颂，早期紫砂或称"类紫砂"比较合理，因为当时陶土夹泥和紫砂矿是混采混用的，对此论据，过去缺乏物证，这次大量早期紫砂的发现证明了紫砂的演变过程比较清晰。

上海硅酸盐研究所和江苏省陶瓷研究所将羊角山古窑址出土的紫砂残器和现代紫砂器进行比较，虽然在原料颗粒、制作工艺及烧制工艺等方面，两者都比较粗糙，但共同点在于两者都由各种矿物共生的黏土团粒制成，矿物组成均属富铁的黏土、石英、云母三元素，并且和现代紫砂一样，胎质内部同样残留石英、云母、赤铁矿、莫来石和双重气孔结构。

明 宜兴羊角山出土紫砂残件 宜兴陶瓷博物馆藏

9. 任墅石灰山古龙窑群

明代早中期，古龙窑群在今湖㳇金沙寺遗址西北约一公里的丁蜀镇任墅石灰山，以烧造日用的陶缸、瓮为主，同时发现了一些当时的紫砂器残片。

二、 金沙祖壶的工艺和技术

宜兴素有"陶都"之称，陶瓷烧造历史悠久，古代窑址密布，是中国重要的陶瓷产区之一。从上文列举的宜兴古窑址分布区域，可以清楚地看出古代窑址都选择在靠近山区的丘陵地带。宜兴成为"陶都"有以下三个原因：第一，宜兴山区蕴藏着丰富的陶土原料；第二，山区峰峦叠嶂，竹木茂盛，为烧造陶瓷提供了充足的燃料；第三，宜兴东濒太湖，溪流纵横，航运便利，交通运输业发展。

宜兴古窑址出土的古陶瓷实物，大致有新石器时代的陶釜、陶塑；春秋战国黑红印纹陶罐；汉罐、汉瓦；西晋青瓷；唐代青釉瓶、罐；宋代执壶、韩瓶，宋代早期紫砂；明代早期紫砂器。从这些实物中，可以清楚地看到各个历史时期陶瓷制作工艺的演变过程。

128

明　宜兴古龙窑　位于丁蜀镇前墅

1. 泥料特征

　　宜兴南部、西南部山区属天目山系余脉，山区富藏可以制陶的陶土资源，宜兴先民们早在大约7000年前就开始在这里烧造生活所需的日用陶器，因烧制日用陶器需大量开采陶土中的夹泥和嫩泥，而紫砂矿源与夹泥等属共生矿，人们刚开始时没有人认识或意识到要把紫砂矿挑拣出来单独使用。在漫长的开采、烧制实践中，也许是偶然采用了颜色斑斓的五色土单独制作了一些日用小器皿，附陶缸瓮内烧制，烧成后人们发现该器物的发色纯正，质地紧致，有黯肝、米黄、紫红、朱红等颜色，从此，紫砂泥以其独特的泥性、发色和品质为宜兴陶瓷打开了一个全新的领域，从而闻名于世。

　　明代周高起撰《阳羡茗壶系》记载："相传壶土初出时，先有异僧经行村落，日呼曰：'卖富贵土。'人群嗤之。僧曰：'贵不欲买？买富如何？'因引村叟，指山中产土之穴，去。经及发之，果备五色，灿若披锦。"这便是紫砂泥被称为"五色土""富贵土"的由来。这虽是一个传说，但事实证明紫砂矿确是与产土穴中夹泥共生的一种特殊矿料。"人间珠玉安足取，岂如阳羡溪头一丸土。"说的正是这种神奇可与珠玉、黄金比价的紫砂泥。

紫砂绛红泥原矿

130

紫砂底槽清原矿

紫砂红皮龙原矿

紫砂红独原矿

紫砂蟹壳青原矿

各种紫砂矿烧制的试片

经江苏省陶瓷研究所与上海硅酸盐研究所的科学研究表明，紫砂泥矿床的地质结构属江南古陆边缘的陆相碎屑建造沉积矿床，距今约 3.5 亿年，紫砂岩的类型为粉砂质泥岩粉砂结构，主要由石英粉砂和胶结的黏土矿物组成，石英碎屑孤立地分布于胶结物中。经分析测试，紫砂泥中除含有较多的赤铁矿（Fe_2O_3）外，还含有其他多种微量元素。

《阳羡茗壶系》记载："嫩泥，出赵庄山，以和一切色土，乃粘胎可筑，盖陶壶之丞弼也。石黄泥，出赵庄山，即未触风日之石骨也，陶之乃变朱砂色。天青泥，出蠡墅，陶之变黯肝色。又其夹有梨皮泥，陶现梨冻色。淡红泥，陶现松花色。浅黄泥，陶现豆碧色。蜜泥，陶现轻赭色。梨皮和白砂，陶现淡墨色。山灵腠络，陶冶变化，尚露种种光怪云，老泥，出团山，陶则白砂星星，按若珠琲，以天青、石黄和之，成浅深古色。"由此表明了紫砂泥品类繁多，各有千秋，分布范围较广。

宜兴陶业古时开采泥矿的方法，一种是露天开采，另一种是打井洞开采。露天开采的矿井废弃后，一般就成了塘或潭，如黄龙山南麓的"大水潭"就是当时露天开采结合矿井开采后的遗存水潭。《阳羡茗壶系》记载明代开采紫砂矿："山土诸山，其穴往往善徙，有素产于此，忽又他穴得之者，实山灵有以司之，然皆深入数十丈乃得。"直至1955年，宜兴成立采矿公司，接管黄龙山采矿区，统一开采炼制工作，以供应下属各个陶瓷厂家的生产用泥。1958年，陶瓷公司成立了原料总厂，改造黄龙山红旗宕口，并将其命名为一号斜井。1965年改造二号斜井。1972年，国家投资2.58万元新建黄龙山四号斜井。1979年开建黄龙山五号井，开采夹泥和紫砂泥。四号井和五号井均为专业开采紫砂矿的矿井。

由此可见，"闲静有致"的金沙寺僧，除了"习于陶缸瓮者处"，还亲自动手"抟其细土，加以澄练"，总结出了一套自己独特的练泥心法，才会被青衣供春"窃仿老僧心匠，亦淘细土抟坯"，逐渐形成其后人"造壶之家，各穴门外一方地，取色土筛捣，部署讫，弆窖其中，名曰养土，取用配合，各有心法，秘不相传"。这些足以证明，是金沙寺僧始创了澄练紫砂泥的心法，由供春窃仿后发扬光大。

或许可以这样推测，金沙寺僧在陶缸瓮者处，抟其细土，加以澄练的同时，慢慢发现了在制作陶缸瓮的缸土中混有灿若披锦的五色土，就单独挑拣出来，同样加以澄练后，发现五色土比缸土夹泥更为细腻，更有可塑性，制作茶壶也更得心应手，制作出来的茶壶泥坯也特别润滑光亮，待泥坯自然干燥后，遂"附陶穴烧成"。金沙寺僧在长期创作茶壶的实践中，潜移默化地掌握了五色土等各种泥料的特性和发色。

这把金沙祖壶的实物，与周高起《阳羡茗壶系》所说的泥料、砂质、颜色完全一样："细土淡墨色，上有银沙闪点，造硇砂和制，谷绉周身，珠粒隐隐"，"栗色暗暗，如古金铁，敦庞周正"。虽然这两句话在书中是形容供春及时大彬初年制壶的泥色，但毕竟作为书童的供春是"窃仿老僧心匠"，而时大彬又是"初自仿供春得手"，可见这"练泥心法"的源头还是在金沙寺僧，而事实证明供春及时大彬的存世作品中也很少出现过如此描述的泥料质感和烧成发色。金沙祖壶的泥料特征完全符合书中描述。

再根据以上描述与金沙祖壶实物进行比对，不难发现，金沙祖壶的泥料应该是天青泥。周高起说："天青泥，出蠡墅，陶之变黯肝色。又其夹有梨皮泥，陶现梨冻色。"所谓"梨皮泥"，就是天青泥矿料表面的贝壳纹蜡状晶面，其硬度比较大，粉碎烧制后就呈"银沙闪点"。所谓"梨冻色"，就是棕色或棕黑色。冻梨是我国东北地区的特产，北方天气寒冷，冻梨经冷冻后表面包括里面都会变成棕色或棕黑色，甚至是黑色，但还保持着细小的砂质感在梨的表面，触之有细微凹凸感。由此充分说明金沙祖壶的泥料特征，完全符合周高起描述的关于天青泥的颜色、手感和砂质感。

紫砂天青泥原矿
宜兴陶瓷博物馆藏

2007年，宜兴市丁蜀镇开通与陶都路垂直连接的紫砂路，西起黄龙山，东至紫砂工艺厂，横穿大水潭北岸（明清早期紫砂露天矿开挖后遗存的水潭），开凿山路时，采掘出一批优质紫砂矿料。笔者有幸购得其中一批优质青灰紫砂泥矿料，经与几位行家道友一起挑拣出数量极少的天青泥矿料（与现藏于宜兴紫砂博物馆的天青泥矿源标本是同一批矿料）。笔者曾用这批天青泥试做了几件作品，是经多种窑炉、烧成气氛多次烧成。有一个惊人的发现，成品的颜色、手感和银沙闪点与金沙祖壶几乎完全一样。这就印证了天青泥的真实存在，属紫泥类，产于黄龙山大水潭，与青灰紫泥是共生矿，必须从青灰紫泥中挑选出来，存量极少。

清　天青泥风卷葵壶
杨凤年制
宜兴陶瓷博物馆藏

　　目前只有清代嘉庆年间杨凤年所制的"梅段壶"（南京博物院藏）和"风卷葵壶"（宜兴陶瓷博物馆藏）是有确切文献记载的，是用真正的天青泥制成的。清光绪八年（1882）《宜兴县志》记载："土有青黄，用供埏埴，天青泥于诸泥为贵，制茗壶者特用之。"

　　综上所述，金沙寺僧所创"金沙祖壶"，用其"练泥心法"之绝技，选用天青泥即"迨硇砂和制"，符合先秦《考工记》之"材美"也。

137

2. 成型工艺

　　宜兴骆驼墩遗址和西溪遗址发掘出土的陶器，属新石器时代、马家浜文化时期的原始陶器，这些陶器的成型方法，大致可以分为手制和轮制两种方法。手制分三类：一是捏塑法，二是模制法，三是泥条盘筑法。春秋战国印纹陶的成型方法是轮制，辘轳拉坯成型后外面压印各种纹饰，器形比较大的，也有下部用陶轮拉坯，上部再用泥条盘筑成型，口部用陶轮修整规范。汉罐的成型方法大都是轮制，辘轳拉坯成型，有高颈的，分二段或三段拉坯后镶接成型。西晋青瓷为拉坯成型，唐代青釉瓷和宋代韩瓶也都为拉坯成型。到了明代，社会经济飞速发展，日用陶器的需求大幅增加，再加上宜兴当地优质的陶土资源，泥性稳定，可塑性强，能制作大件的缸、瓮、瓶、罐、盆等，成型工艺也出现泥片拉满、泥条围接等新工艺。从出土的早期紫砂实物上，已经可以看到这种新工艺，泥片拍打成型工艺沿用至今，主要是紫砂泥特殊的可塑性，决定了这种独树一帜的成型工艺。

宋　建窑梅瓶　私人藏

紫砂壶制作工具　作者自用

清　铜制喷水壶　作者自藏

与金沙祖壶的实物比对，可以清晰地看出，金沙祖壶的制作工艺流程是：打泥条泥片、用围片围身筒、拍打身筒、接上底片、颠倒反转后接着拍身筒、接上口片、接上口准片、接壶嘴壶把、另做盖子、装壶钮、再挖开壶口泥片、修整出水孔、推墙刮底、整理完工，待入窑，"附陶穴烧成"。如此这般、精密严谨的制作工艺流程，在金沙寺僧始创紫砂壶时就为后人奠定了不可动摇的基础。然后，周高起《阳羡茗壶系》对刚制作完成的紫砂壶泥坯又作了下一道工艺流程的阐述："壶成幽之，以候极燥。乃以陶瓮庋五六器，封闭不隙。始鲜穴裂射油之患。过火则老，老不美观；欠火则稚，稚沙土气。"紫砂壶的"三分做七分烧"，就是指茶壶制作完成，只占成品的三成，还有七成是泥坯的干燥和烧制，所以陶瓷也称"火"的艺术。

五百年后的今天，紫砂壶成型的工艺流程仍然完全按照金沙寺僧始创的这种工艺，一步不差，就像明式家具的制作工艺一样，无法取代，无法改良，这就是优秀经典的传统工艺的魅力所在。经典永流传，方能成大器。

3. 烧制工艺

金沙寺僧如《阳羡茗壶系》所说："闲静有致，习与陶缸瓮者处。"说明禅师与附近窑场的陶工往来甚密。据考古发掘：在金沙寺遗址西北一公里处的丁蜀镇任墅石灰山附近，发现了一处明代古龙窑群，该窑以烧造缸瓮为主，还发现了许多明代早期紫砂残片。这就证实了金沙寺僧与陶工交往的确切窑场位置。禅师在金沙寺农禅之余，练泥制壶，烧制就拿到一公里远的龙窑"附陶穴烧成"，顺理成章。

由于古代龙窑主要是烧造陶缸瓮等釉制粗陶产品，用茅柴、松树枝等木柴为燃料，而紫砂壶是素面素心的精致产品，不能裸烧，故只能以缸瓮当匣钵，附在缸瓮里面闭合烧制，就这样也难免会受到其他釉类产品的飞釉和松枝松油的影响。从金沙祖壶的实物可以看到三处釉泪、火疵痕迹，分别位于壶身正面肩部、壶身反面下腹部及壶嘴出水口处。因火疵表面粗糙，影响美观和手感。经禅师打磨后，胎体透黑，迢碙砂质感尤为突显，珠粒隐隐，在"栗色暗暗，如古金铁"的整体梨冻色调（棕黑色）上，更增加了色彩丰富的层次感，真可谓"塞翁失马"也。

第五章
金沙祖壶的奥理冥造

一、金沙祖壶与紫砂历史名作的对比

1. 羊角山遗址早期紫砂残件

根据1984年10月出版的《中国古代窑址调查发掘报告集》，由宜兴陶瓷公司《陶瓷史》编写组、江苏省陶瓷研究所贺盘发执笔的《宜兴羊角山古窑址调查简报》记载：

①羊角山古窑址早期紫砂烧造年代，初步认定上限不早于北宋，下限至明代早期。

②发掘的紫砂残件，其龙头形壶嘴与北宋龙虎瓶手法极为相似；双条形壶把，为唐宋时期瓷器中较为流行的形式；壶嘴与壶身粘贴工艺为铆钉法，多见于隋唐器物。古龙窑后期烧造的紫砂器的造型，从粗到精，如六方壶，花瓣纹、乳钉纹饰以及壶把上的小穿孔等，与南京郊区吴经墓（墓主吴经于嘉靖十二年卒）出土的提梁壶制作风格极为相似，其胎质略粗，属缸土与紫砂矿混采混用，具有明代早期紫砂特征。

2. 宋代砂铫 (私人藏)

遗存途径: 使用过程中流传。

年代考证: 北宋。

泥料特征: 缸瓮细土或与紫砂土混用。

造型特征: 整体造型为宋代的罐或瓶, 短弯流, 侧有短柄, 砂铫肩部前后有半圆形泥条作装饰。

容量规格: 约1800毫升。

制作工艺: 辘轳手拉成型。

烧制工艺: 龙窑柴烧。

实物发色: 紫红、暗红。

使用功能: 煮汤、煎茶。

作品描述: 典型的宋代汤瓶造型, 从泥料特征看, 属于宜兴窑出品, 瓶底瓶身有炭火烧黑痕迹, 保存品相完整。

3. 明代早期紫砂壶身（作者自藏）

遗存途径: 出土。

年代考证: 明代早期。

泥料特征: 缸瓮细土或与紫砂泥混用。

造型特征: 鼓腹提梁壶。

容量规格: 约1500毫升。

制作工艺: 手捏制作加内模镶接。

烧制工艺: 龙窑柴烧。

实物发色: 紫赭, 有明显釉泪火疵。

使用功能: 煮汤、煎茶。

作品描述: 根据壶身残件推测, 为提梁壶, 提梁已失, 壶盖已失, 壶身饱满圆润, 应属明代早期紫砂制茶铫或砂铫。

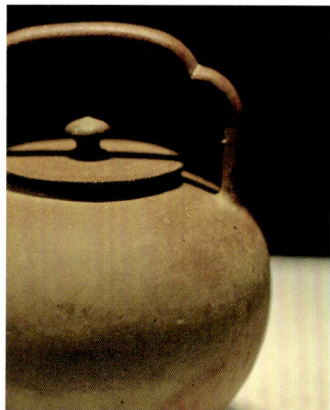

4. 吴经墓出土提梁壶

遗存途径: 1966年南京中华门外马家山油坊桥, 明嘉靖太监吴经墓出土。

年代考证: 墓葬时间为明嘉靖十二年 (1533), 此壶下限时间应为1533年。

泥料特征: 与羊角山窑址出土紫砂残件几乎一样, 缸瓮细土与紫砂泥混用。

造型特征: 鼓腹提梁, 丰满圆润。

尺寸规格: 高17.7厘米, 口径7.7厘米。

制作工艺: 手工捏制, 壶身中部显有节腠, 用木模镶接成型, 嘴、把为接榫法镶接, 盖子内支口用 "十" 字形泥条作撑架防滑。

烧制工艺: 附缸瓮内龙窑柴烧或龙窑裸烧。

实物发色: 砖红、紫红, 壶身有釉泪、火疵。

使用功能: 烹汤, 煎茶。

作品描述: 属于明代早期紫砂, 壶体胎质较细腻, 应为缸土和紫砂混采泥。壶体表面深浅不一, 有褐色。壶肩黏附红黑色釉斑一块, 矮颈, 平底无款识, 明式花窗形提梁镶接于壶肩, 花窗转角处 (提梁转角处) 为倭角, 提梁后部内侧有系盖绳的小系圈, 流与壶身连接处加贴四瓣菱花形泥片作装饰, 同时也增加了连接的牢固性。平盖无支口, 用 "十" 字形泥条作撑架, 可防滑落。流用钻孔接榫法黏结, 壶钮为水滴形高钮, 提梁高度适中, 比例协调, 手感舒适。

5. 供春树瘿壶

遗存途径: 1928年宜兴乡绅储南强于苏州地摊购得, 后捐赠给中国国家博物馆。

年代考证: 明代正德年间。

泥料特征: 老段泥共生矿。

造型特征: 仿银杏树瘿肌理, 属花器中的仿生器。

容量规格: 约300毫升。

制作工艺: 泥片拍打加手工捏制。

烧成工艺: 龙窑柴烧, 匣钵闭合烧制。

实物发色: 呈核桃色。

使用功能: 冲泡茶。

作品描述：供春树瘿壶被称为紫砂壶之"鼻祖"，作品存世稀少，且真伪有争议。明代周高起也未曾亲眼见过，曰："予于吴问卿家见时大彬所仿，则刻'供春'二字，足折聚讼云。"清代乾隆年间吴骞曰："供春壶已世间不复存在了。"周高起撰《阳羡茗壶系》载："供春于给役之暇，窃仿老僧心匠，亦淘细土抟坯。"关于供春早期"窃仿老僧心匠"而作的壶，周高起作了描述："栗色暗暗，如古金铁，敦庞周正。"而周高起对当时的泥料是这样写的："壶之土色，自供春而下及时大彬初年，皆细土淡墨色，上有银沙闪点，迨硐砂和制，谷绉周身，珠粒隐隐。"至于供春壶的容量大小，明代周高起这样说："时大彬，号少山。……初自仿供春得手，喜作大壶。"而此供春树瘿壶仅300毫升，自古以来在紫砂壶历史上，怎么也称不上大壶。从烧制工艺上看，金沙寺僧与供春几乎属同一时代，没有专门烧制紫砂的龙窑，都应是"附陶穴烧成"，器物表面或多或少会粘有釉泪、火疵，而此供春树瘿壶表面没有任何火疵，颜色纯正，属匣钵闭合烧制。

终上所述，从泥料、砂质感、容量、烧制工艺、壶体发色等诸多方面比对，此供春款树瘿壶，均不符合考古和文献记载的供春壶特征。

6. 无锡南禅寺出土缺盖紫砂壶

遗存途径: 1991年, 无锡南禅寺基础工程施工时于古井中出土。

年代考证: 明代早中期, 弘治至正德年间。

泥料特征: 早期紫砂泥特征, 近似缸胎, 属缸土与紫砂泥混采。

造型特征: 平肩, 平底, 鼓腹, 肩部有四系可装接软提梁。

容量规格: 1350毫升, 高8.2厘米。

制作工艺: 木模镶接成型, 壶腹内部中间显有节腠。

烧制工艺: 龙窑柴烧, 表面多处粘有釉泪、火疵。

实物发色: 紫黑色。

使用功能: 烹汤、煎茶。

作品描述: 此壶整体造型古朴沉稳, 胎体粗粗犷, 呈紫褐色, 平肩, 平底内凹, 用木模上下镶接成型, 壶内接痕明显, 龙窑柴烧, "附陶穴烧成", 表面多处粘有釉斑、火疵, 失盖, 肩部有四系, 可装接软提梁, 明代作烹汤、煎茶之用, 符合明代茶文化特征。

7. 隐元禅师东渡日本弘法时的遗物时大彬制紫砂大壶

遗存途径: 隐元禅师东渡日本弘法时使用过的紫砂茶铫, 后人整理禅师遗物时发现, 现藏于日本京都万福寺博物馆。

年代考证: 明代万历年间。

泥料特征: 紫泥。

造型特征: 圆润饱满, 古朴典雅。

容量规格: 总高19.3厘米。

制作工艺: 泥片拍打成型。

烧制工艺: 龙窑柴烧, 未见釉斑、火疵, 属匣钵闭合烧制。

实物发色: 紫褐色。

使用功能: 烹汤、煎茶。

作品描述: 隐元隆琦禅师 (1592—1673), 于1654年应日本长崎僧众恳请赴日弘法, 得郑成功军队船舰护送, 同年7月抵达日本长崎, 日本僧众时有"古佛西来"之称, 禅师新建万福寺, 开创禅宗之黄檗宗, 被誉为日本禅宗中兴之祖。禅师东渡弘法, 同时也将中国明代煎茶法带入日本, 黄檗寺保留的隐元禅师遗物中发现两件煎茶用的茶铫, 底部都有炭火烧过的痕迹, 这是其中一把紫砂壶, 为万历年间时大彬所制, 壶形圆润饱满, 古朴典雅, 形制较大, 茶壶中依然还留存着禅师当年喝剩的茶渣。壶身有铭文: "茶熟清香有, 客到一可喜。时大彬仿古。"十五字竖排分三行, 行楷风格, 属时大彬早期作品。另一把壶是禅师个人自用, 通高14.5厘米, 无款。

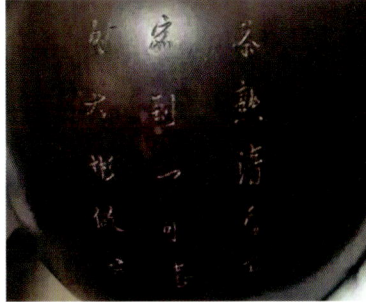

明　金沙祖壶　金沙寺僧（佚名）
金丝楠木原配包装　日本回流
1420 毫升
作者自藏

8. 金沙祖壶

遗存途径: 20世纪90年代从日本的末落寺庙中流出, 后经台湾藏家转手到大陆。

年代考证: 明成化至正德年间

泥料特征: 天青泥, 细土淡墨色, 上有银沙闪点, 迨碉砂和制。

造型特征: 古拙圆润, 敦庞周正。以橡果为造型元素设计壶身, 以斗笠帽为壶钮设计原形, 形象化的佛耳相为壶把设计原形, 短流, 刚健挺拔。整体比例在对称与不对称之间达到完美和谐, 极富哲学思辨。

容量规格: 1420毫升。

制作工艺: 泥片拍打成型。

烧制工艺: 龙窑, 附陶穴烧成。

实物发色: 黯肝色, 梨冻色, 栗色暗暗, 如古金铁, 谷绉周身, 珠粒隐隐, 更自夺目。壶身有三处釉泪火疵痕迹, 打磨后胎体透黑。

使用功能: 烹汤、煎茶。

作品描述: 金沙祖壶, 体量硕大, 古拙圆润, 刚柔并济, 稳重端庄, 气宇轩昂。高挑挺拔的壶身与夸张饱满的壶盖浑然一体。短流微翘, 简洁明了。手感稳重, 得心应手。温润古朴、张力十足的壶体配以线条硬朗的三角锥壶钮如形象生动的斗笠帽。

壶底有煎茶时炭火烧黑的痕迹, 壶内依然还有古代禅师喝过的茶垢。

壶体内壁与底部经推墙刮底, 纹理清晰, 干净利落。壶嘴内部为独孔出水, 出水孔整修圆挺, 平滑精致。

壶盖、壶把、壶底均无钤印, 也无落款。

包装考究, 明代金丝楠木原配包装, 榫卯结构, 皮壳包浆自然, 内衬为明代老织锦缎和老纸张交替装裱, 壶体嵌入包装内衬, 天衣无缝, 纹丝不动。

明 金沙祖壶 金沙寺僧（佚名）
日本回流
1420 毫升
作者自藏

卣

爵

盉

此四款明清紫砂壶均采用了笠式三角锥壶钮，打开中国古代造物史，不难发现，笠式三角锥钮在商周青铜器的"卣"和"爵"上已经比较广泛地使用，但在紫砂壶上运用当属金沙祖壶首创，当然这仅是金沙祖壶设计元素的其中一个出处，另外来自日常生活的其他设计元素在后文会有详细解读。管状直流在青铜器"盉"上也同样可以找到。四款紫砂壶均采用壶把倒装方法。

明末　瓮型紫砂壶　有款（款识不详）
1800毫升

清早期　陈鸣远款紫砂壶
通高 9.5 厘米
约 360 毫升

清早期　宜兴窑紫砂壶　无款
通高 8.5 厘米
故宫博物院藏
350 毫升

二、金沙祖壶的五个不可思议的绝妙之处

　　其一，推墙刮底是现代制壶工艺的术语，指的是制壶流程中最后即将完工时的整理修正过程，把密封的口片用矩车（似圆规功能，用于割划圆形泥片的专用工具）割开后，壶内底部与壶内壁下部连接处有多余的脂泥（拍打身筒时，封底片用的浆糊状泥浆）凸出，需要用竹拍子（自制的竹子专用工具）把凸出的脂泥刮平。先从壶内底部往上至壶内壁中间部位推刮一周，即推墙；再从壶内底部的外圈向中心推刮一周即刮底，便留下整齐、清晰、美观的竹痕，既扫平了壶内及底部泥门的不平整，又增加了竹工具留痕的美观，这就是推墙刮底的作用与功能。制壶工具的材料选择，肯定是以就近就易的方法制作，金沙寺周围竹林密布，就地取材也就理所当然，使用竹子工具来处理壶内结构而形成的手工痕迹，既解决了工艺瑕疵，又增强了痕迹肌理美感，奇思妙想也。

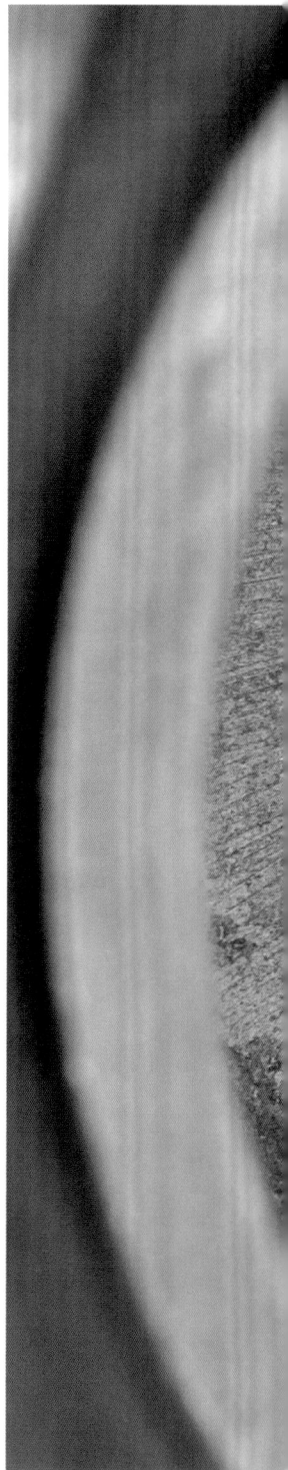

其二，壶内出水孔为独孔，这种独孔出水孔在明清都有沿用，但这把金沙祖壶的独孔出水孔，整修圆正，过渡自然，平滑精致，与壶身融为一体，毫不逊色于壶体外部的工艺精致程度，据考证，现藏于无锡博物馆的时大彬晚期作品"三足如意壶"属同样工艺制作的出水孔。

其三，短流，微翘，上部略带自然上孤线，下部直线挺拔与壶身连接，刚柔并济。壶嘴出水口与壶口正好在同一水平面上，而佛耳相壶把的上端却低于壶口平面7毫米。"7"在佛教里是"圆满"之意，显然是设计的需要，故意为之，打破了常规思维三点一线的定式。壶把下梢顺势向上引线，与壶嘴底线形成一条斜直线贯穿壶体，与壶嘴走势相通，仿佛是禅师在寻找一种不对称的美感，同时又产生了另一种富有韵律的和谐美，从而达到整体的平衡美，使艺术形式与思想情感合二为一，卓尔不群也。

其四，在壶口上沿内侧，有一条细小甚微而"多余"的凸线，在使用过程中，留下磕碰过的诸多小缺口。为什么说是"多余"的？因为在正常制壶过程中，到最后一道环节前需先开口挖取口部泥片，用矩车切割泥片时，切割头是很锋利的金属刀片，不可能留下任何多余的泥线条，壶口内侧垂直面应是很光滑平整的，而在如此超凡脱俗的金沙祖壶上，出现如此"低级"的错误，不合常理逻辑，显然又是"有意为之"，是故意留下的"瑕疵"。我从一个制壶人的角度去理解：这是因为在制壶工艺流程中，壶身与壶盖是分开、分时制作的，一般情况下，先做壶身，把壶口用泥片（也称满片）封住，让壶身里面始终充满空气，这样整修壶身时，用手拿捏不易变形，然后再装上壶嘴壶把一起整修，这时壶口泥片还没有被挖开泥坯要保持一定的湿度。再开始另做壶盖，壶盖做完后，凭借手感和经验，观察原先保存好的壶身与刚做好的壶盖，观察两者泥性、干湿程度是否达到一致，必须在基本一致的前提下，再开始挖开壶口泥片，戴上壶盖。由于现代紫砂一味地畸形追求所谓工艺技巧的"滴水不漏""严丝合缝"，所以现代制壶人在现代窑炉和现代机械化工具的帮助下，在这个环节上一般采用的方法是，把壶盖做得比壶口略大一点，烧制前在茶壶口部撒上一层细细的石英砂防止粘连，烧制出窑后，利用机器把壶口与壶盖，再利用金刚砂粉末进行碾磨，完全可以达到密不透风。碾磨过后，壶口与壶盖支口上会留下紫砂表皮的损伤，再用原来的泥浆在损伤处擦拭，第二次进窑复烧，视烧成效果，再进行第三次、第四次甚至更多次的复烧，并成为世人炫技的伎俩。

恰恰在金沙寺僧挖开壶口泥片后，再戴上事先做好的壶盖时，发现壶口比壶盖尺寸大了约 5 毫米，壶盖盖上后的间隙略显大了一点，正如按常工艺流程，已经无法补救了。所以我们平时常见的老紫砂壶的口与盖的间隙大都比较大，因为老紫砂壶都是一次性烧成。但金沙寺僧毕竟是智勇双全，索性将错就错，趁着壶口泥性还有湿度，用硬质工具将壶口平面向壶内侧用力压成斜面，这样就在壶口内壁泛出一条细小的凸泥线，同时间接地把壶口缩小了整整 2 毫米，这样壶盖盖上后，可以达到预期的密封性，既不影响美观，也不影响使用功能，又达到了口与盖的严丝合缝，一举多得，精妙绝伦也。

其五, 也是最让人匪夷所思的, 如此超凡脱俗、古朴端庄、巧夺天工之大器, 从文化、艺术、美学、设计、造型、泥料、工艺、烧制、功能等诸多方面评价, 在整个紫砂历史上, 都是无与伦比、登峰造极的。至今找不出第二把可跟它同日而语、相提并论。

制作紫砂器的最后一道工序就是落款钤印, 难道是禅师忘了这道工艺流程? 当然不是! 禅师僧人也, 参禅悟道, 农禅并重, 正所谓"禅茶一味"。茶乃修身静心之物, 禅悟无余涅槃, 殊途同归。禅门之"禅定", 唯茶是求。壶乃煎茶之器而已, 色也! 色即是空! 留名何用?

173

三、金沙祖壶密码破译

老子《道德经》关于"道"的描述: "有物混成, 先天地生, 寂兮寥兮, 独立而不改, 周行而不殆, 可以为天地母。吾不知其名, 字之曰道, 强为之名曰大。大曰逝, 逝曰远。远曰反。故道大, 天大, 地大, 王亦大。域中有四大, 而王居共一焉。人法地, 地法天, 天法道, 道法自然。"

因此, "道"是宇宙万物万有的根源, 自然是宇宙的最高范畴, 奇妙无穷的宇宙又是一个以规律的几何表达的世界。

欧洲文艺复兴时期意大利艺术巨匠达·芬奇 (1452—1519), 把艺术创作与科学探索紧密结合, 创作了许多经典生动的人物形象, 充分体现了人文主义精神, 代表作有《最后的晚餐》、《蒙娜丽莎》和《维特鲁威人》, 其中《维特鲁威人》手稿中绘有一个面对我们的健壮中年男子, 两臂微斜上举, 两腿叉开, 以他的头、足和手指各为端点, 正好外接一个圆形。同时在画中叠加着另一幅图像: 男子两臂平伸站立, 以他的头、足和手指各为端点, 正好外接一个正方形。

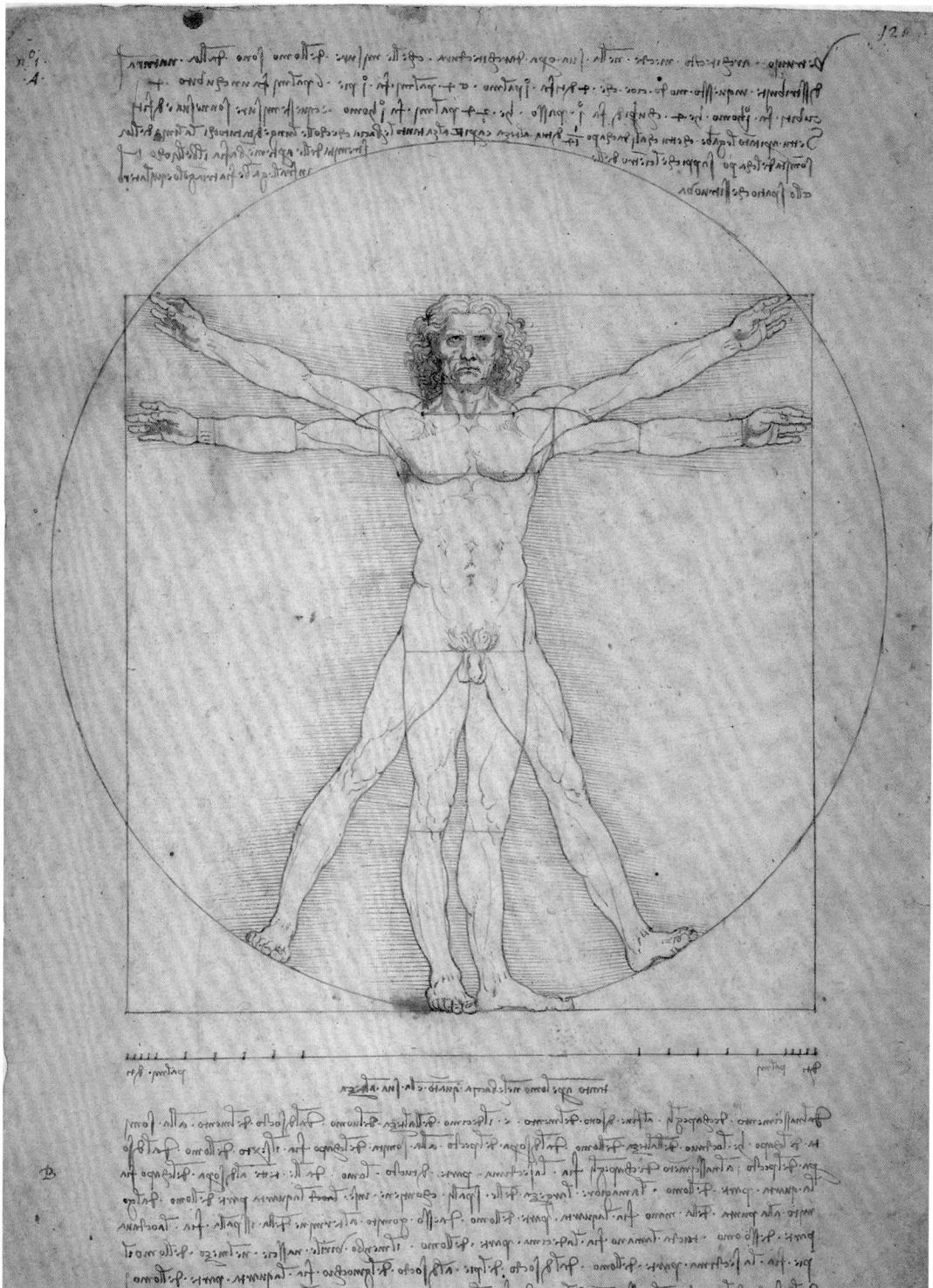

　　《维特鲁威人》的画名由古罗马著名建筑家维特鲁威的名字而来，该建筑家在他的著作《建筑十书》中曾盛赞人体比例和黄金分割。

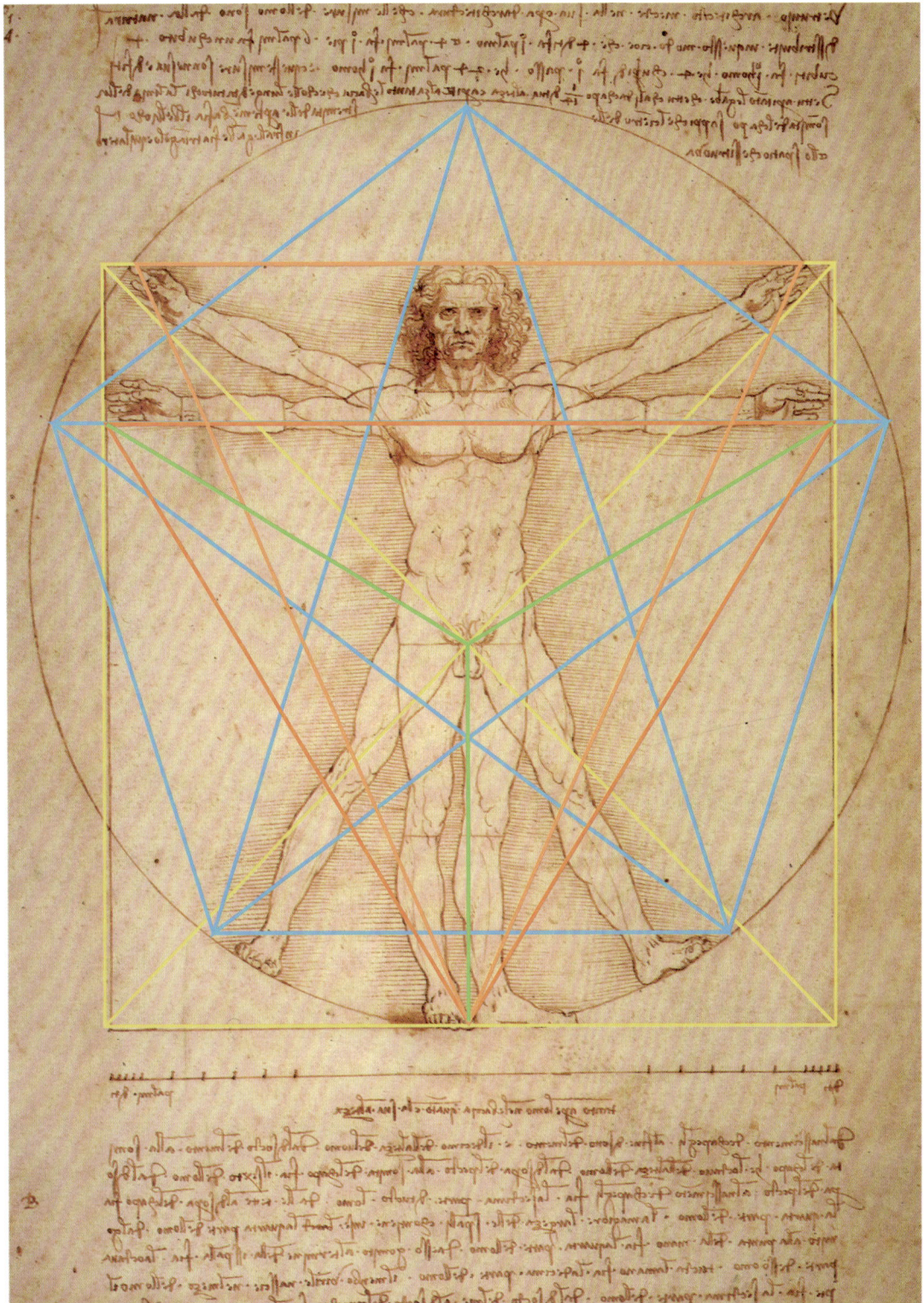

这张素描作品中就隐藏着无数个有规律的几何图形，借助连线，我们能明显地从人体中找到圆形、三角形、四边形、五边形等。

文艺复兴时期的西方艺术开始重视科学，注重人物造型的准确性，借助光、影、色彩的变化，强调艺术形象的体积感与厚重感，同时通过对透视学和解剖学的应用，使人的形象趋于真实。在构图上，运用欧洲人物画的透视法，通过"近大远小"的科学原理，形成客观的标准。达·芬奇注重研究人体的比例，将古希腊、古罗马的黄金分割比例作为衡量美的标准。达·芬奇革新了早期僵硬、简单的线条，用明暗对比、阴影营造人物的朦胧感，并将人物的面部活灵活现地呈现出来，充分展现出人性的光辉。

中国的明朝与欧洲文艺复兴运动大致处在同一时期。朱元璋建立明朝以后，农业、手工业都得到了迅速发展，史称"洪武之治"。在政治、经济日趋稳定的情况下，文化事业兴盛发达。明代绘画在继承宋代传统画风的山水画、花鸟画以及人物画的基础上，开始向文人写意画发展。线条是中国写意绘画的审美符号，线条的节奏传达出画家强烈的主观意识和自我表现性，是一种带有感性的诗意。明代绘画的线条开始向洒脱、飘逸转变，笔墨追求"天人合一"的境界，其简练的风格开始形成，具有写意表现的鲜明审美特征。

中国画强调意韵，其写意性表现为画家通过物象表达个人的主观情感，并由此烘托出意境美，这不同于文艺复兴时期西方绘画的写实性。明代时期，文人画兴起并发展蓬勃，文人借绘画抒发个人的情感与精神寄托，旨在逃避仕途的失意，带有明显的世俗性，这与西方人文主义思想下再现自然的审美特征有所不同。

现代
明式黄花梨官帽椅

私人藏

从技法上看, 西方艺术的技法更加严谨, 绘画注重表现写实性。明代文人艺术在技法上注重线条的表现性, 重视作品传达的气韵和水墨浓淡的变化。从审美上看, 西方创造了古典主义美术集美于一身的理想化审美倾向。明代文人艺术无论是雄健之风还是平淡儒雅的风格, 无不传达着意境之美。

　　明代中期, 工商业繁荣发展的长江以南地区, 作为中国文人画团体的吴门画派开始崛起, 代表画家沈周和文徵明突破了宋代山水画的桎梏, 注重作品的感情色彩与意境的幽淡, 用笔简练、浑厚, 笔墨表现形式突出了平淡自然、高洁儒雅的格调, 这反映了明代文人画的优雅之美。

　　以吴中地区为代表的明式家具, 就是典型的我国传统文人精神生活的具体物化, 它比较突出地体现了我国传统文人的文化特征和思想内涵, 无论在造型上、材料上、装饰上还是工艺上, 都体现出传统文人高雅委婉、超逸含蓄的品位。

又如明代中后期，文士阶层有着浓厚的隐逸风尚和思想观念，茶成为隐逸文化的象征。名僧高士，幽隐禅林，甘露滋心。他们通过煎茶品茶来追求一种闲逸超脱的浪漫生活。如"吴门四家"之一文徵明诗云："解带禅房春日斜，曲栏供佛有名花。高情更在樽罍外，坐对清香荐一茶。"

明　文徵明
品茶图
纸本 设色
纵 88.3 厘米　横 25.2 厘米

台北故宫博物院藏

　　该图描绘了一场参禅悟道的风雅茶事，文人高士隐居山林，以品茶畅怀悦神，
遣寂解忧，借茶事师法自然，道心天地。

茶事的主角之一煎茶器——金沙祖壶，从文化、美学、设计、造型、质感和功能诸多层面都恰如其分地体现了明代大德高士的精神意识和文化素养。

金沙祖壶"大象无形，大音希声"的造型，不仅完美演绎了东方禅宗美学的禅境和诗境，同样也符合西方美学的和谐与对称。

艺术没有国界之分，对美的认知更是殊途同归，金沙祖壶的美学价值完美演绎了东西方美学的融会贯通。壶中日月长，壶里有乾坤。

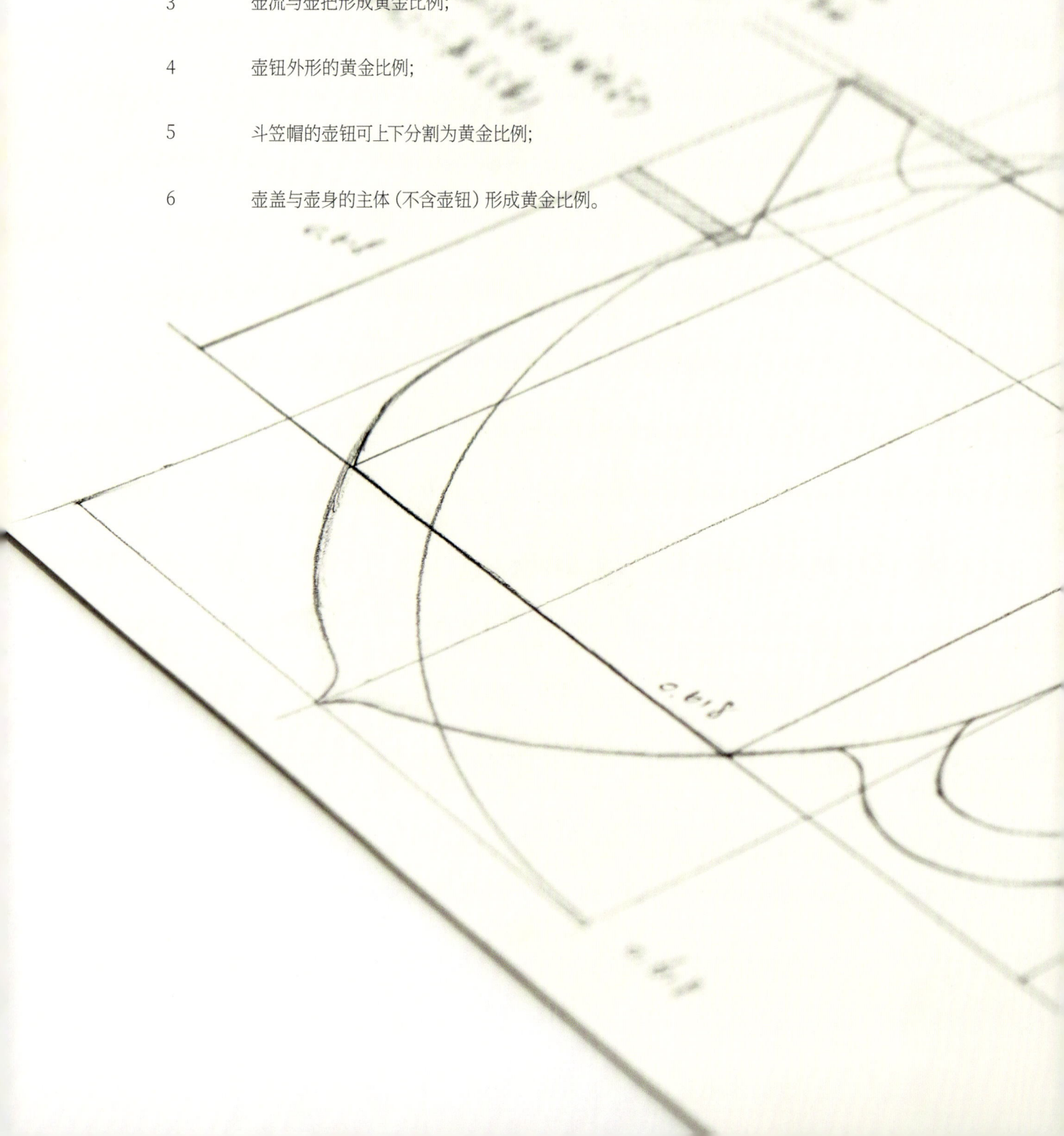

通过对金沙祖壶添加相应的辅助连线，可以发现至少六组黄金比例（195 页图示）：

1   从底部作连线形成完整的橡果造型，加上壶钮的顶点就成了壶的总高，与壶身直径形成黄金比例；

2   壶身总长与壶身总高形成黄金比例；

3   壶流与壶把形成黄金比例；

4   壶钮外形的黄金比例；

5   斗笠帽的壶钮可上下分割为黄金比例；

6   壶盖与壶身的主体（不含壶钮）形成黄金比例。

沿壶钮斗笠斜面作连线正好与壶盖外端相交形成三角形，与壶盖顶部水平面又形成等腰三角形。如图所示，壶流、壶口与壶把作相应连线形成两个勾股三角形（197页图示）。

　　如图所示，金沙祖壶圆润饱满的线条是在无数个椭圆和正圆中形成的各种和谐与对称。事实上我们平时所说的井字形构图（九宫格构图）和三分法构图都是黄金分割构图的简化版。而中国古琴的设计"以琴长全体三分损一，又三分益一，而转相增减"，全弦共有十三徽。把这些排列到一起，二池，三纽，五弦，八音，十三徽，正是具有1.618之美的斐波那契数列。

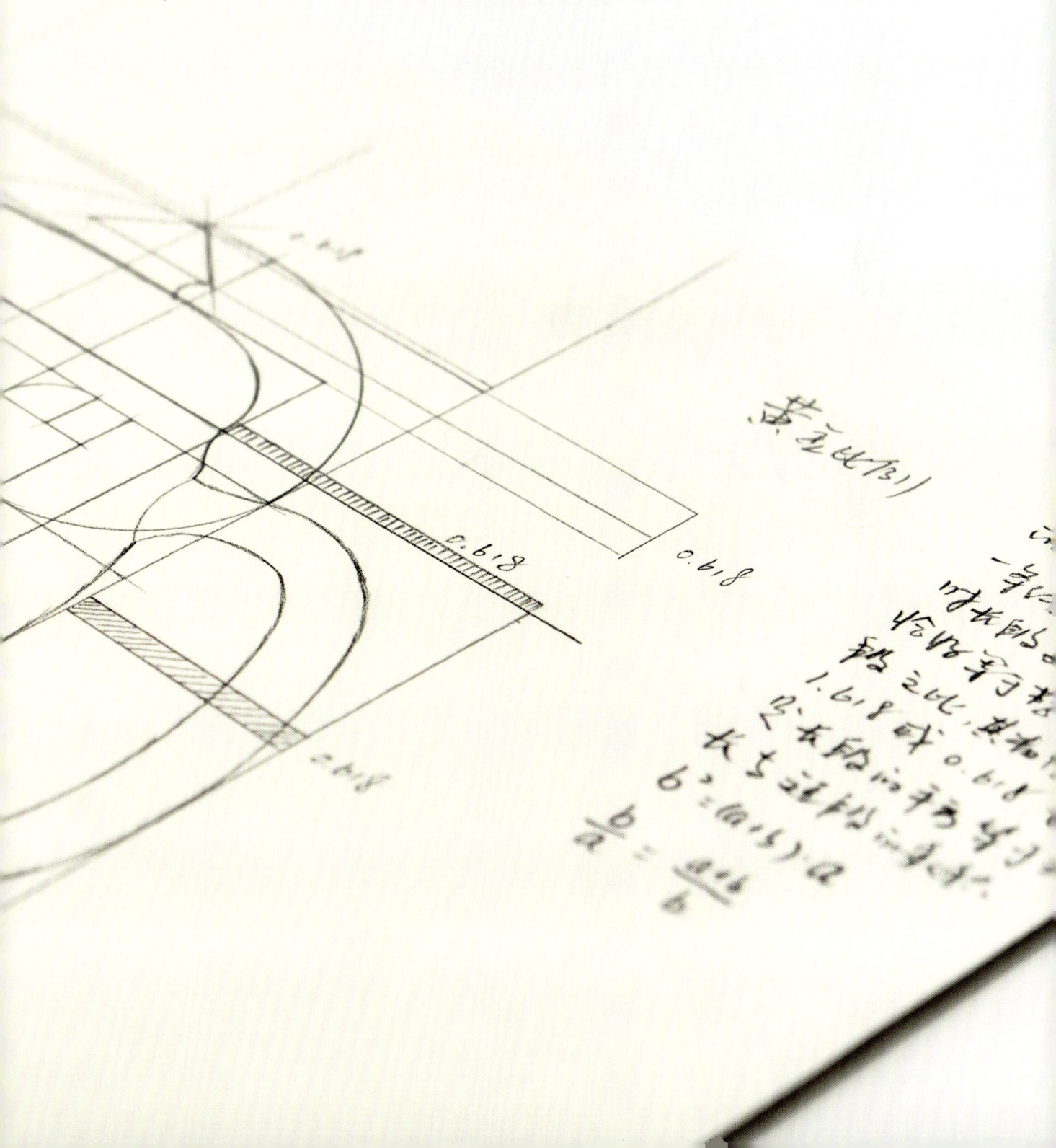

宇宙的一切秘密与两件事密不可分，一是算术，二是几何。而通过艺术创作来证明这个事实的一个重要人物正是达·芬奇。当我们觉察到达·芬奇的《维特鲁威人》的完美比例时，便会在潜意识里对其中符合几何法则的比例产生呼应。几何图形有如静止的瞬间，展现出不为人类感官所察知的、超越时间限制的普遍而连续的运动。这让它带上了不易解读的神秘感。

而与达·芬奇同一时代的金沙寺僧, 隔着时空, 凭借卓越的禅宗美学理念, 圆满烧制出"金沙祖壶", 巧妙地融合了几何元素, 揭开几何的神秘面纱, 解密了宇宙产生秩序并加以维持的方法。而且金沙寺僧作为禅师, 运用"色即是空""本来无一物"的相对主义心法和审美心理, 破除一切崇拜, 彰显禅宗思想之审美人格和空观的创造精神。

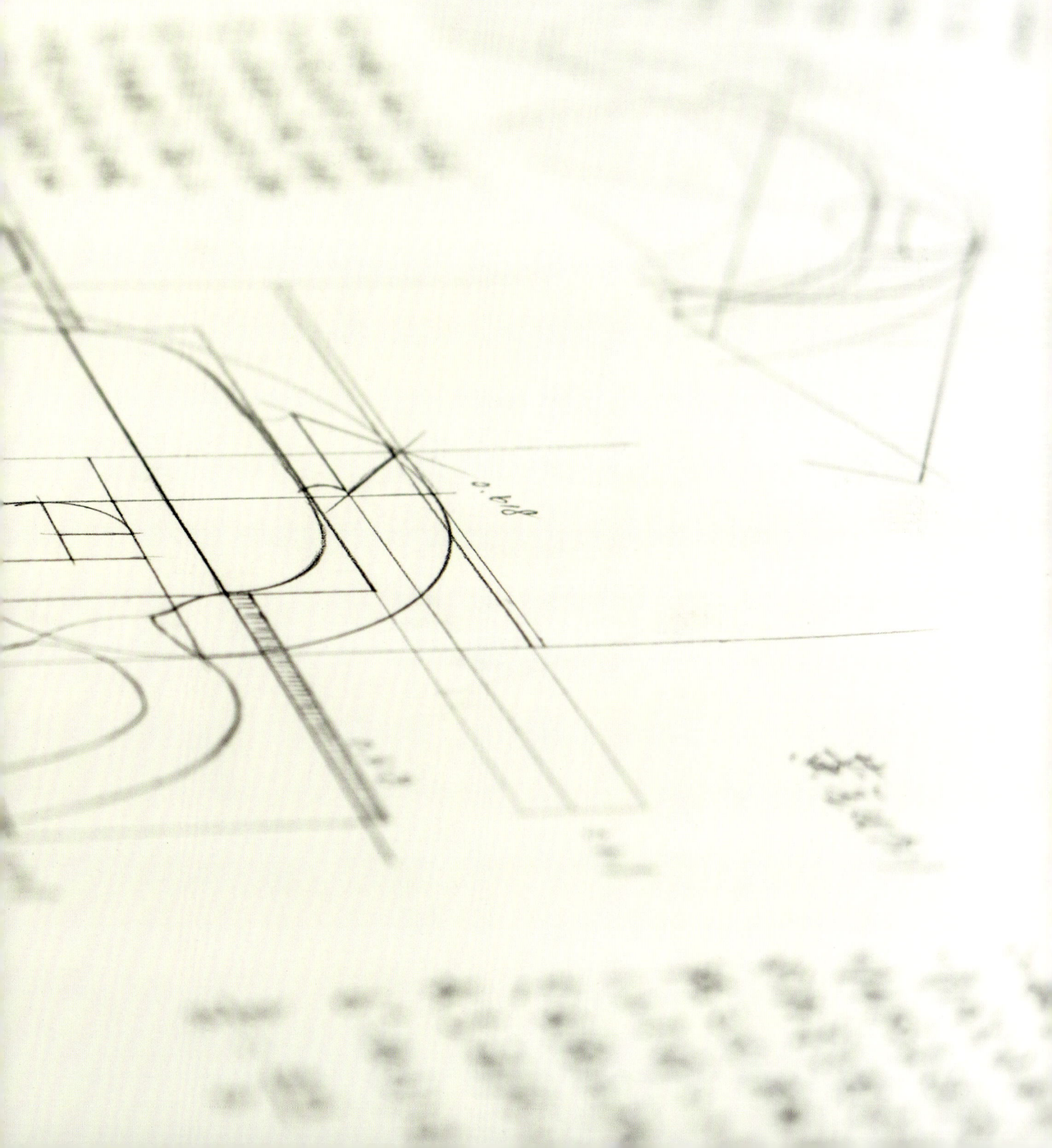

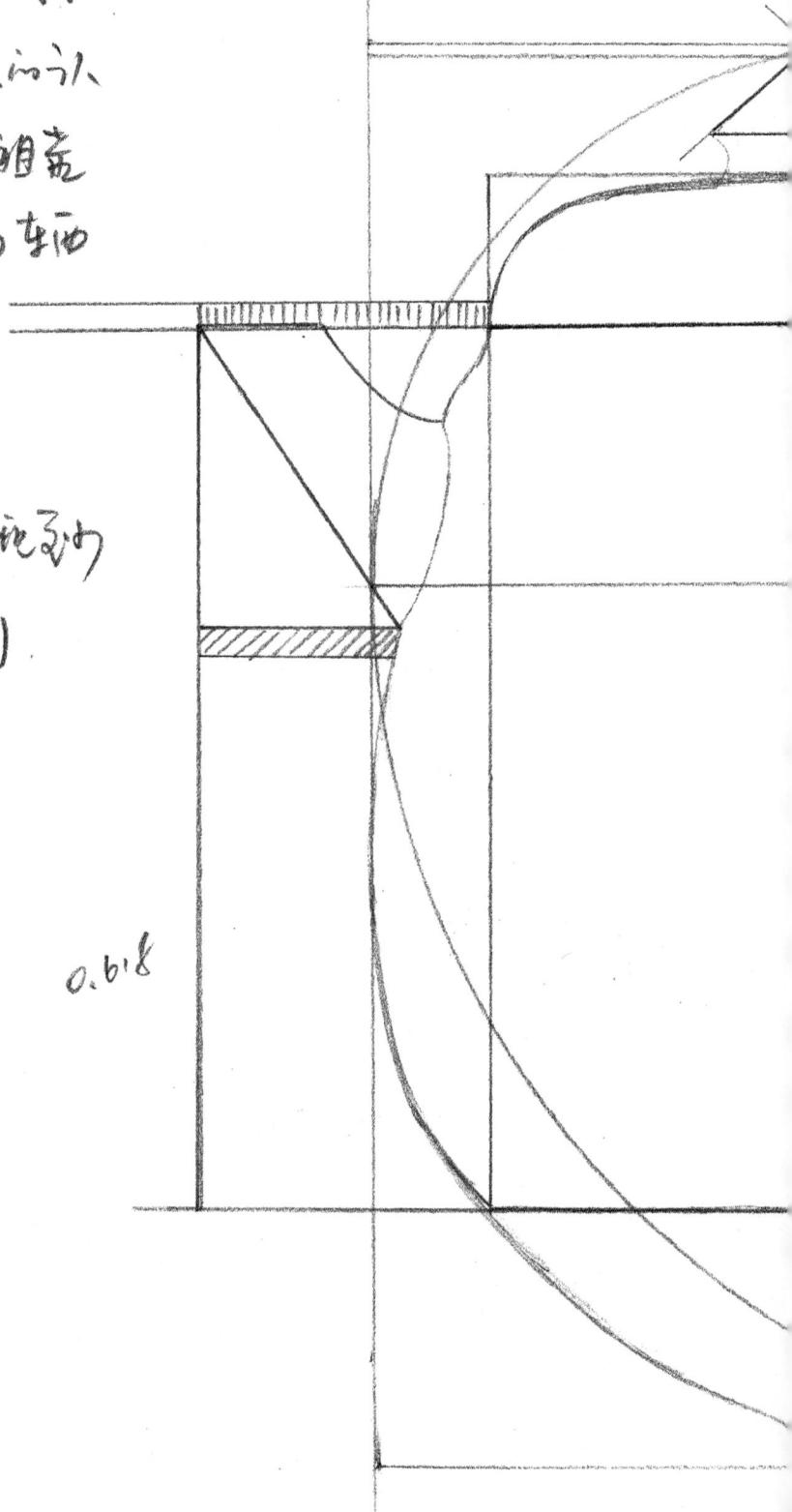

运动雕塑"大象无形，大音希声"
不仅富美演得了声与静、字美
学的稚境和诗境，同样也
存在西方美学的和谐与对称
并没有国界之分，对美的认
识重是斯通同归，运动雕塑
的美学价值宜美演得了声
与美学的融合层面

通过辅助线连接，省略运动
之组以上（黄金分割）

0.618

黄金比例

0.618

0.618

0.618

0.618

0.618

8

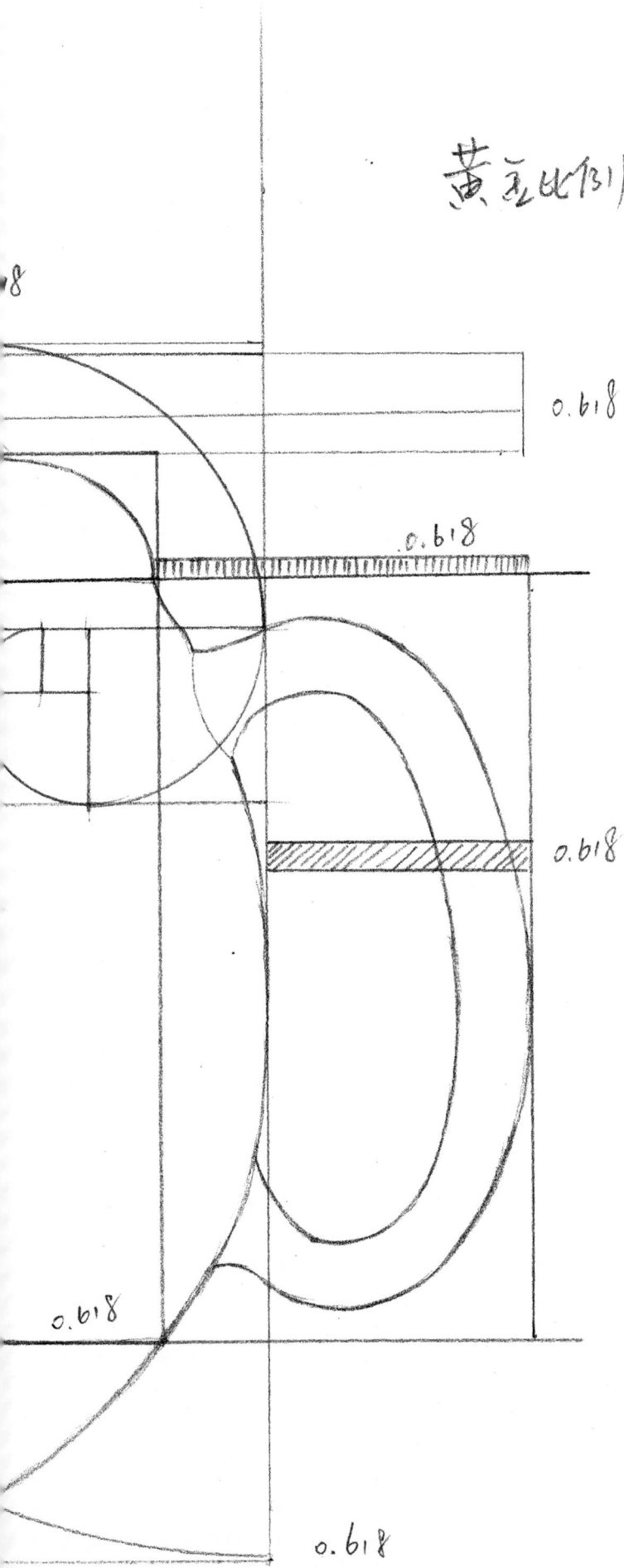

黄金比例是一种经典
而抽象比例关系，把
一条线段分为两部分，此
时长的与短段之比
恰恰等于整条线段与长
段之比，其比值比为
1.618 或 0.618，也就
是长段的平方等于整
长与短段的乘积。

$$b^2 = (a+b) \cdot a$$

$$\frac{b}{a} = \frac{a+b}{b}$$

2022.12.8

武功抓意平面剖析图中
隐藏着无穷了有规律的几何
图形，借助连线剖成了圆
形，三角形，四边形，五边形，三
角形，等腰三角形，勾股三角形，
正方形。

勾股三角形

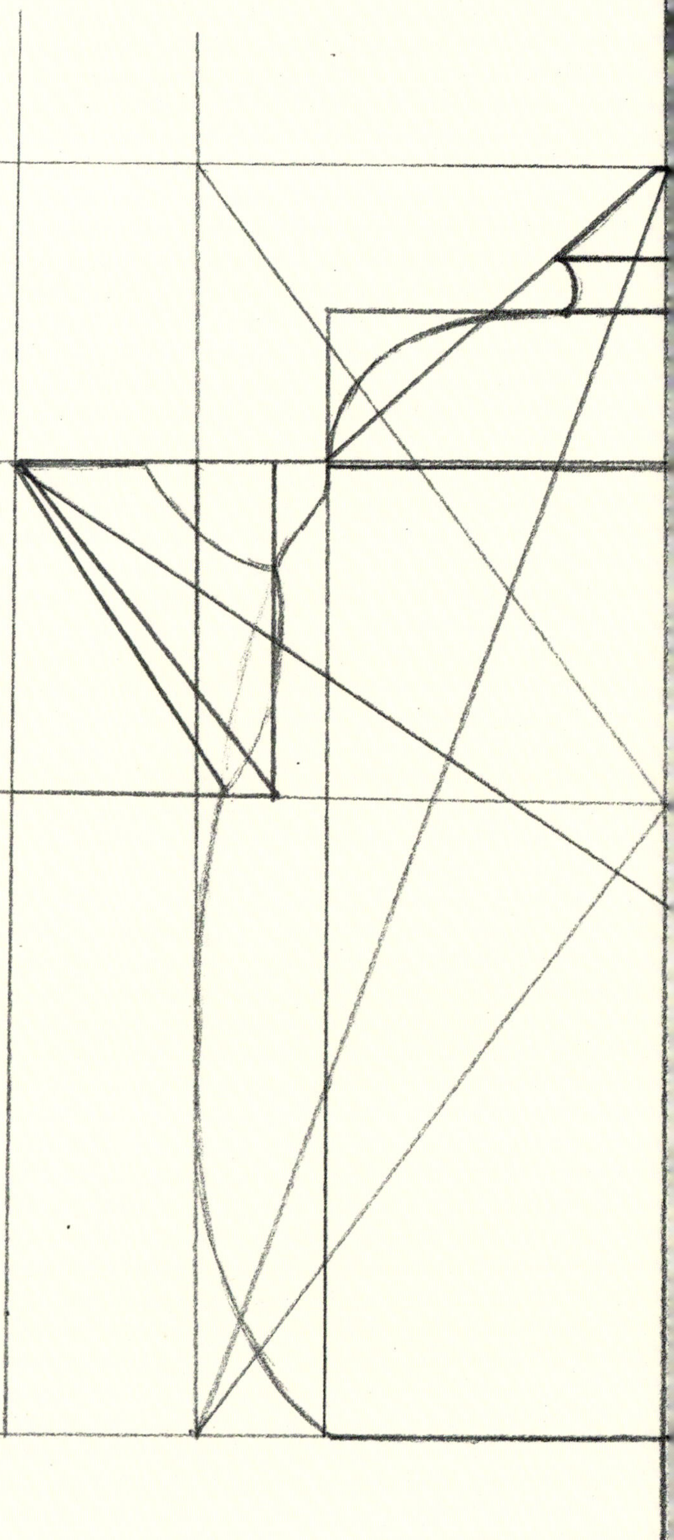

达芬奇《维持鲁威人》向更发
在潜意识上对其中所含几何
法则，比例产生呼应，几何图
形有如静止的瞬间，展现出不
为人类感官所穿知的，超越
时间限制的静画开连续运
动，于是让它带上了不易被
读的神秘感。

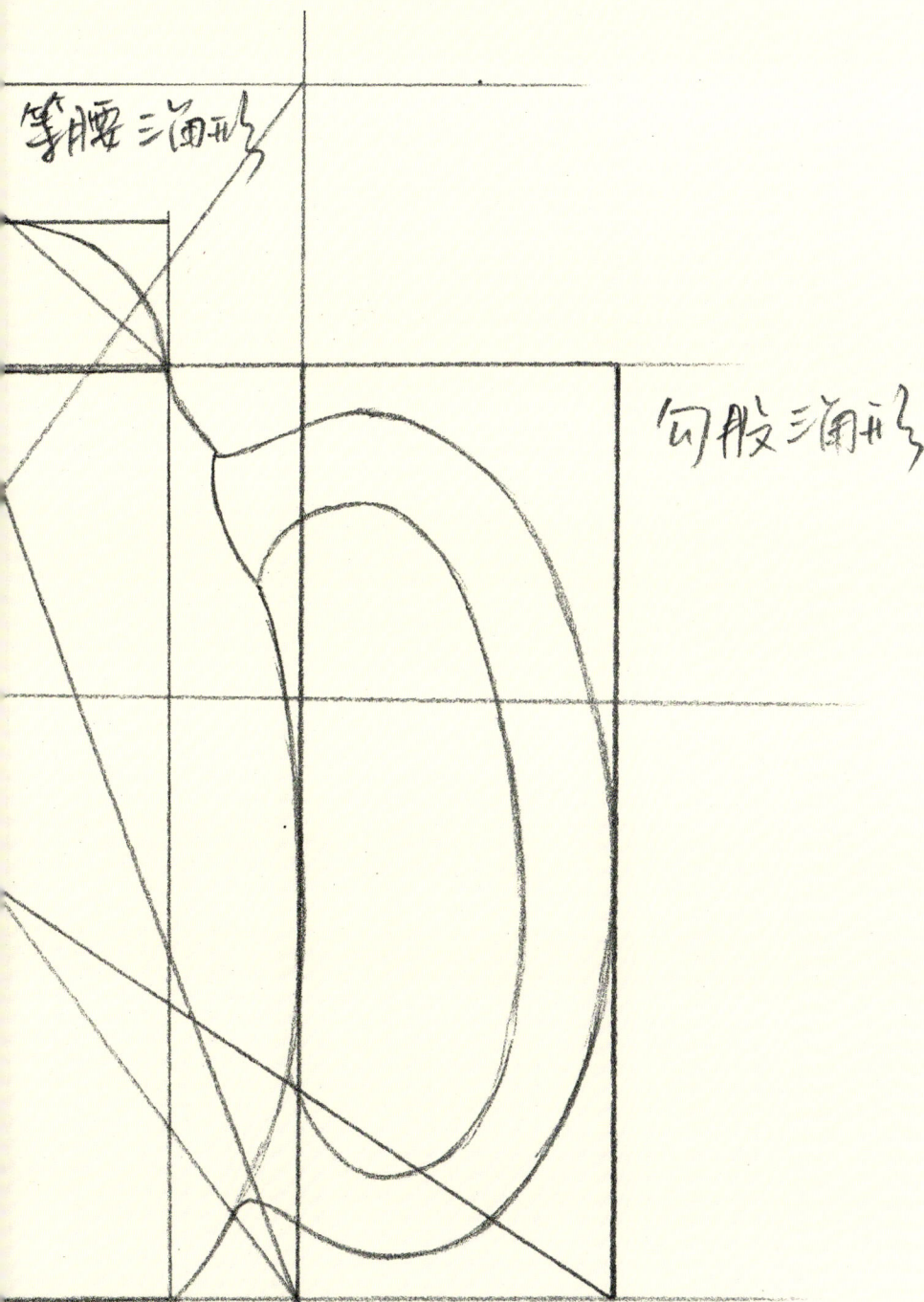

等腰三角形

勾股三角形

正方形

陈丹阳
2022.12.8

平时所说的井字形
构图（九宫格构图）
和三等分构图事实
上都是黄金分割构
图的简化版。

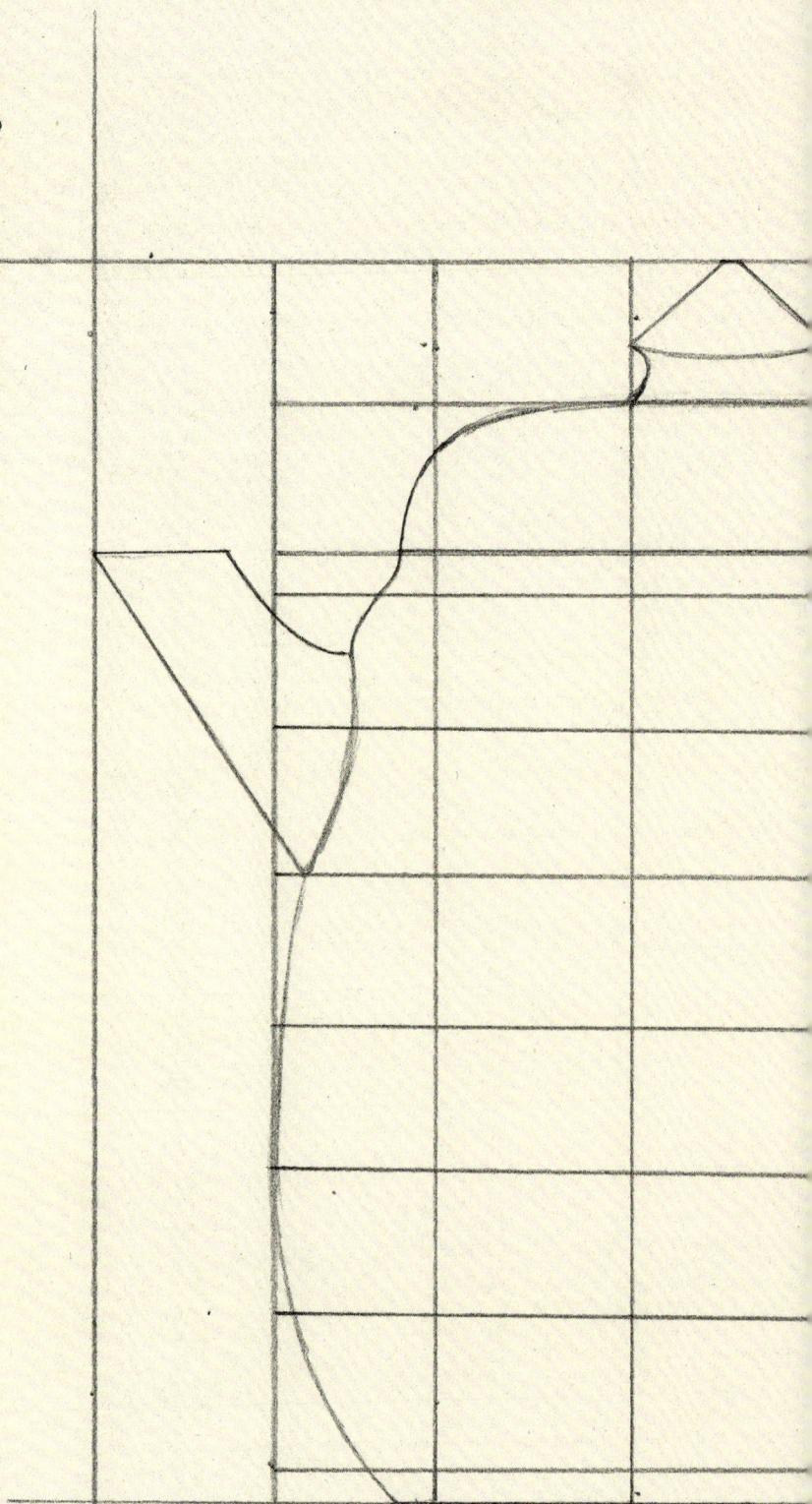

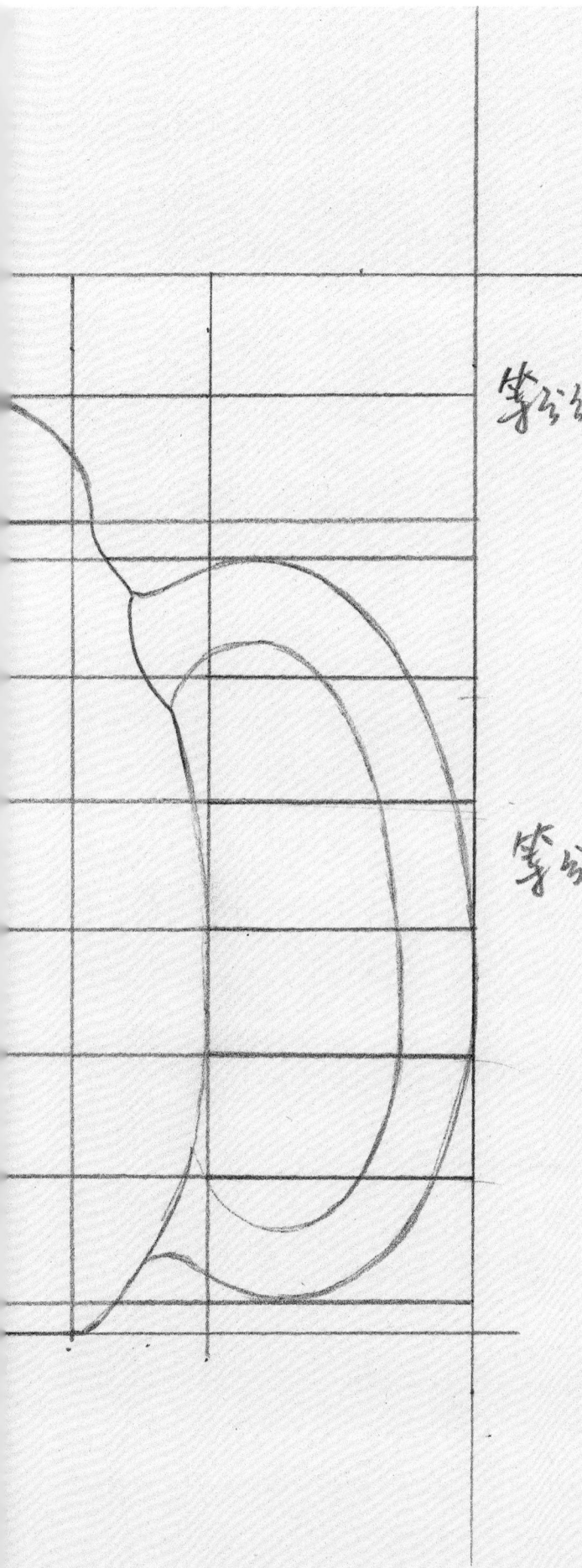

等分线

等分线

阮石坝工2
2022.12.8

195

圆润饱满的线条又在无数个正圆和椭圆中构成多种和谐与对称，宇宙的一切秘密与细件事密不可分。一些身材二维几何，而通过艺术创作来证明了寻求的一个精美的正是达芬奇。

与达芬奇同一时代的画家常借助于几何元素，隔着时空倪倪身越的辩证美学理念，巧妙地融合了几何元素，借助了几何的辩和构筑，领略了宇宙美的如何产生秩序并加以维持的方法

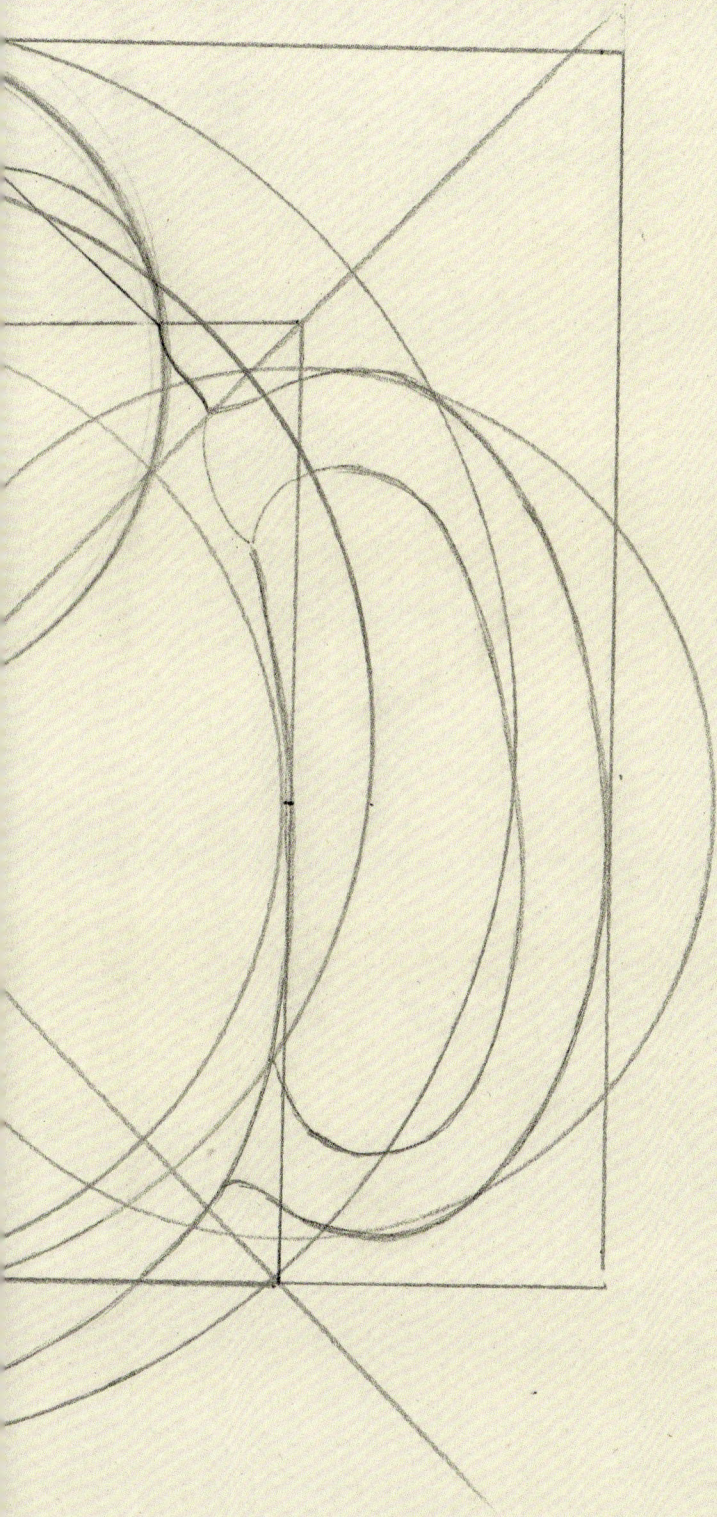

第六章
金沙祖壶——
超凡入圣的器物美学

　　我探索研究金沙僧壶三十余载，终未果，但信念未消，也未曾放弃。然明代周高起《阳羡茗壶系》约成书于1640年，确有详细记载金沙寺僧始创紫砂壶，人遂传用之事实。四百余年过去了，又有多少学者贤达，同样也在寻觅探究其踪影，均未见其踪迹，哪怕是研究文献。当我十五年前在道友藏品库房中发现这把超凡脱俗的老紫砂壶时，有一种莫名的"顿悟"显象，良久，说不出的感觉，当时脑海里一片空白，总觉得这把壶似曾相识，似乎在与我沟通什么信息，闪念之间，只有一个想法：请它回家。在与道友的交流中方知，道友想自藏，还说此壶是20世纪90年代从日本的一个末落寺庙流出，经台湾藏家转让到他手上。我带着一缕曙光回到家中，日有所思，夜有所梦，百思不得其解，如此气韵非凡、穷工极巧的明代老紫砂，既不钤印，也无落款，而且还有明代金丝楠木原配木盒包装，它又是何时流入日本？又是何人带去日本？这些问题伴随我至今。十三年后，也就是前年秋，道友慈悲大发，我终于如愿以偿，把它请回了家中，日夜相守，互相倾吐，相见很晚，印证了一句名言：一切都是最好的安排。

　　细品此壶，体量硕大，刚柔并济，稳重端庄，气宇轩昂，圆润高挑的壶身、夸张饱满的壶盖，浑然一体，使人联想到宜兴金沙寺附近的丘陵山区中的橡果造型。

炮管短流，微翘，略带自然向上的弧线，简洁明了，刚健挺拔。看似倒装壶把，更像是佛祖耳相，手感稳重，得心应手，把梢与壶嘴顺势贯穿成四十五度角斜线。

　　如此温润古朴、张力十足的壶体，竟配以线条硬朗的三角锥壶钮，咄咄怪事，倒是让人想起早期人们外出时遮阳避雨用的斗笠帽，但更像是早期僧侣的僧帽。

更让人不可思议的是这把壶的制作工艺，壶
体内壁和底部经推墙刮底，纹理清晰，干净利落，
壶嘴内部的出水独孔，圆整平滑，很是精致。

此壶整体色泽"黯肝酱紫，栗色暗暗，如古金铁，金黄粗砂，疏密有致，谷绉周身，珠粒隐隐"，"附陶穴烧成"的釉泪、火疵，经古人打磨后，胎体透黑，金砂更为突显，彰显紫玉金砂的美感。

包装考究,金丝楠木榫卯镶接,皮壳包浆自然,内衬为明代老织锦缎与老纸张交替装裱,壶体嵌入内衬,天衣无缝,纹丝不动。最让人匪夷所思、难以想象的是,此壶从文化、美学、设计、年代、造型、泥料、工艺、烧制和功能等诸多方面,在整个人类文明造物活动中,都堪称登峰造极,至高无上。而紫砂器物制作的最后一道工艺流程是钤印落款,难道是禅师当时忘了这道工序?非也!不仿我们随着禅宗器物美学去寻找答案……

中国早期的美学，以教化为基本品格。庄子美学把人同样也视为自然的一个分子，主张在纯粹的个人经验中亲证人与物的统一。《庄子·大宗师》："与造物者为人，而游乎天地之一气。"《庄子·齐物论》："天地与我并生，万物与我为一。""齐物"是一项极其高明的美学策略，它以天地宇宙的客观存在和无限广袤赋予人一种回归精神家园的愉悦感和超越感，由此，庄子美学进而在天地的浑沦一气中追求无我的逍遥。

金沙寺僧始创"金沙祖壶"，以自然为支点，崇尚玄学美学的审美人格，寄情于禅林山水，通过对自然的观照、体悟，走进逍遥的自由创作境界。

　　"金沙祖壶"风骨峭峻、气韵生动，"越名教而任自然""以无措为主，以通物为美"，以美为主导统一善，用审美经验将主体与客体的不同的审美情感统摄一起，达到和平，殊途同归。金沙寺僧又是一个陶渊明式的唯美主义者，具有超凡的审美人格，亲和自然，把"世俗的我"超升为"风尘外物"，从金沙祖壶可以看到"采菊东篱下，悠然见南山"的诗境画面。

从美学上看，庄子的传统显得朴素，玄学显得复杂，而禅宗的方式则更为精致。境界和意境作为美学概念，应该是从唐代禅宗美学的发展开始成熟。禅宗境界对精神生活的意义，在于通过感性去"证"、去"悟"精神本体。这种方法是心性学，同时也是美学。因为比传统的审美经验更有心灵化，我们可以从唐代以后的美学和艺术发展中看到，禅宗的直观方式向中国的山水画、写意画导入了精神的深度，使之心灵化和境界化，同时也向中国诗歌的缘情传统，导入了更为虚灵空幻的意，形成诗的意境。

南宋 六柿图 牧溪

金沙寺僧农禅之余，亲和自然，体悟自然。"闲静有致，习与陶缸者处。"打破自然现象在时空中的定格，用其主观的心境，将自然的橡果、斗笠帽、佛祖的佛耳相，按照创作设计的需要，以相对主义的结合，来破除"我执"和"法执"的边界，创作"金沙祖壶"，自然界圆润饱满的橡果，农禅劳动的斗笠帽，冗长的佛耳相，自由组合，违异于正常人的思维逻辑，却恰恰符合禅宗美学喻象的表达方式，也只有在空观的般若禅宗里面，才表达得格外精致。通过自然感性，用紫砂壶作品去"居"自身的精神本体生活，金沙寺僧就是使用这么自然而简单的形象化造型元素，来阐明"金沙祖壶"的玄妙深奥的道理。观其壶，用沈括《梦溪笔谈》之笔意描绘尤为贴切："金沙祖壶"之妙，当以神会，难可以形器求也。世之观壶者，多能指摘其间形象、比例、颜色、瑕疵而已，至于奥理冥造者，罕见其人。

参考文献

《康熙字典》

《中国古代窑址调查发掘报告集》—— 文物出版社 1984 年第 1 版

《中国美术辞典》—— 上海辞书出版社 1987 年第 1 版

《中国陶瓷名著汇编》—— 中国书店 1991 年版

《中国陶瓷史》—— 中国硅酸盐学会；文物出版社 1982 年版。

《杭氏宗谱前编》—— 民国二十五年刊

《陆氏续修谱》—— 同治元年

《宜兴县志》台北新兴书局发行 1965 年第 1 版

《湖㳇镇志》中央文献出版社 1999 年第 1 版

宗白华:《美学散步》

张节末:《禅宗美学》《狂与逸》

原研哉（日本）:《设计中的设计》

夏燕靖:《艺术设计原理》

陈小法:《明代中日文化交流史研究》

陆羽:《茶经》

赵佶:《大观茶论》

朱权:《茶谱》《艺海汇函》

布目潮沨（日本）:《中国茶书全集》

吴觉农:《中国地方志茶叶历史资料选辑》 农业出版社 1990 年版。

陆树声:《茶寮记》

陈继儒:《茶话》

徐渭:《煎茶七类》

周高起:《阳羡茗壶系》《洞山岕茶系》

吴梅鼎:《阳羡茗壶赋》

吴骞:《阳羡名陶录》

郭庆藩（清）:《庄子集释》

戴名扬校注:《嵇康集校注》

逯钦立校注:《陶渊明集》

229

附录一
复旦大学核技术
对金沙祖壶的检测分析

复旦大学核科学与技术系建于 1958 年，是国内第一批建立的高校核相关院系，于 1965 年成功研制了我国第一台自行设计并由国产材料生产的静电加速器，并于 20 世纪 80 年代后期引进了当时先进的 NEC 2*3MV 串列加速器（该加速器当年全球仅生产了 2 套，出厂的另一套姊妹机由巴黎卢浮宫购买，后用于大量文物的成分分析和处理），成为基于加速器的离子束物理和应用技术研究方面的国内起步最早单位之一。

　　核技术是无损检测固体物质元素组成最重要的方法来源。其中基于加速器粒子碰撞的方法，更是具有纯净的本底和极高的灵敏度，是微量元素成分测定最佳的方法之一。基于加速器的测定方法有质子激发 X 射线荧光 (PIXE)、卢瑟福背散射 (RBS)、加速器质谱分析 (AMS) 等，其中 PIXE 以其可以使用外束照射的便利性成为文物分析，器物检测等不适于放入真空腔室的无损检测的最佳选择。

复旦大学核科学与技术系在该加速器后端建立了完善的 PIXE 外束测试平台以及完整的数据处理和校准方法，进行了大量陶、瓷、金属等器物和文物的成分测定工作。其中比较有名的工作包括对出土的越王勾践剑剑身的不同位置进行 PIXE 分析，发现了其合金掺杂工艺的巧妙设计，体现了当时高超的冶金技术和锻造技术水平；对不同古陶瓷进行了元素成分的测定，帮助确定其原产地，从而为历史研究提供基于实验数据的支持。

机缘巧合，上海金沙山房文化传播有限公司陆全明先生希望借助复旦大学 PIXE 分析的能力，对其收藏和关注的紫砂器物进行成分分析，从技术角度尝试了解这些器物的历史渊源和工艺变迁。为此复旦大学核科学与技术系展开了相关系统的测试工作。

PIXE 分析技术的基本原理即是将质子通过加速器加速的较高能量，并通过外束装置将其导入空气中与样品表面碰撞。部分质子的能量传递到样品原子内的电子上将其电离，而更高能级上的电子将会向下跃迁填补这个电离的空穴，从而发出特征 X 射线荧光。使用高敏感的高精度硅锂 X 射线探测器采集这些光信号后，通过与标准样品的信号对比分析，即可得到特征 X 射线所来自的元素在样品表面的成分百分比。

在送测样品中，共包含五件紫砂壶身和一件紫砂壶盖。其中包括底部印章显示为明清的古器物和现代器物。测试流程为，精调束流条件，使其在合理的能量下较好地聚焦在采样点上，然后放置器物，并使其采样点紧贴聚焦点的样品卡位片。打开硅锂探测器，调整至良好的工作参数，记录下各样品和标准样品的 X 射线光谱数据。根据国际公认的 PIXE 数据分析方法，对特征光谱进行逐一处理，最后通过定标方法获得其等效氧化物的质量分数。

具体测试位置如下图所示：

紫砂 1	紫砂 2	紫砂 3	紫砂 4	紫砂 5

其测试结果绘图如下：

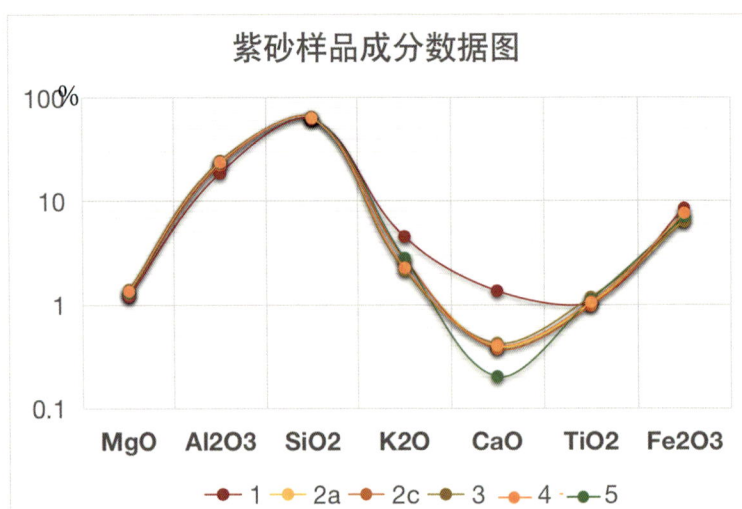

紫砂样品成分数据图

根据数据图的结果，我们做了一定的分析和推测。图中1号紫砂（明代中期，无款）从外观看工艺较为粗糙，其 K 和 Ca 的含量远高于其他样品，可以推测其烧造的技术较为粗放，柴窑气氛产生的钾和钙杂质污染可能是上述数据偏差的原因。而其他2号紫砂（明代，无款）、3号紫砂（明万历，底部印章为陈用卿制）、4号紫砂（清乾隆，底部印章为澹然斋）、5号紫砂（现代作品，底部印章为陆全明）的外观都显示了较高的烧造技术，其成分曲线基本一致，可以推测其原料来源较为一致，烧造工艺也比较接近。值得一提的是来自现代气／电窑烧制的5号紫砂的 Ca 含量相比其他更低，可能是现代烧制工艺气氛几乎不引入额外的钙元素导致的。本次样品数量有限，但数据变化原因的推论也符合根据器物学作出的初步判断。可以期待，随着紫砂样品成分数据库的不断丰富，更多的规律性的结论可以被得出，并指导器物的研究和判断。

复旦大学核科学与技术系

杨洋　副教授

质子激发 X 射线荧光分析（PIXE）

样品测试报告

项目名称：<u>紫砂器具表面元素成分测试</u>

送检样品：<u>紫砂壶体五件，壶盖一件</u>

送测单位：<u>上海金沙山房文化传播有限公司</u>

测试仪器：<u>串列加速器，硅锂 X 射线探测器</u>

测试地点：<u>复旦大学核科学与技术系</u>

测试时间：<u>2023 年 3 月 26 日</u>

复旦大学

二零二三年四月

测试方法说明：由加速器产生质子束撞击样品表面，使其原子发出特征 X 射线。根据标准样品定标后，得出待测样品取样点处各元素成分的的质量百分比，陶瓷类以氧化物计。

样品照片：

样品编号	采样位置说明	采样照片
紫砂 1 号	壶身	
紫砂 2a 号	壶身	
紫砂 2c 号	壶盖	
紫砂 3 号	壶身	
紫砂 4 号	壶身	
紫砂 5 号	壶身	

测试数据结果：（数据为质量百分含量，%）

样本编号	MgO	Al₂O₃	SiO₂	K₂O	CaO	TiO₂	Fe₂O₃
紫砂 1 号	1.2	18.48	61.87	4.5	1.35	1.05	8.42
紫砂 2a 号	1.31	22.58	64.8	2.72	0.39	1.01	6.54
紫砂 2c 号	1.25	22.29	64.48	2.75	0.37	0.96	7.13
紫砂 3 号	1.39	24.46	63.34	2.14	0.42	1.17	6.27
紫砂 4 号	1.34	23.61	63.36	2.26	0.4	1.05	7.54
紫砂 5 号	1.29	23.35	63.93	2.78	0.2	1.1	6.93

测试结果数据图：

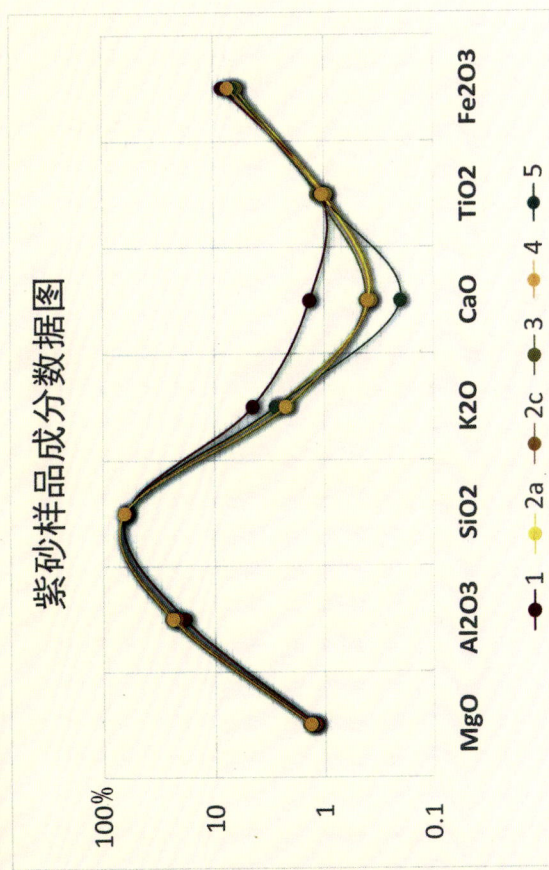

紫砂样品成分数据图

附录二

陆全明作品遴选

自在

雕塑　紫砂挂釉

高温还原烧制

71 厘米 × 41 厘米

2007 年

239

无 相

雕塑 高温瓷 釉上彩
38 厘米 × 61 厘米
2004 年

无量（慈悲喜舍）

雕塑　高温瓷
26 厘米 × 36 厘米 × 4 个
2003 年

叶落归根组壶

紫泥 550 毫升
2006 年

钟鸣静心

紫泥　600毫升
2005年

汉方神逸

青灰泥　550毫升
2005年

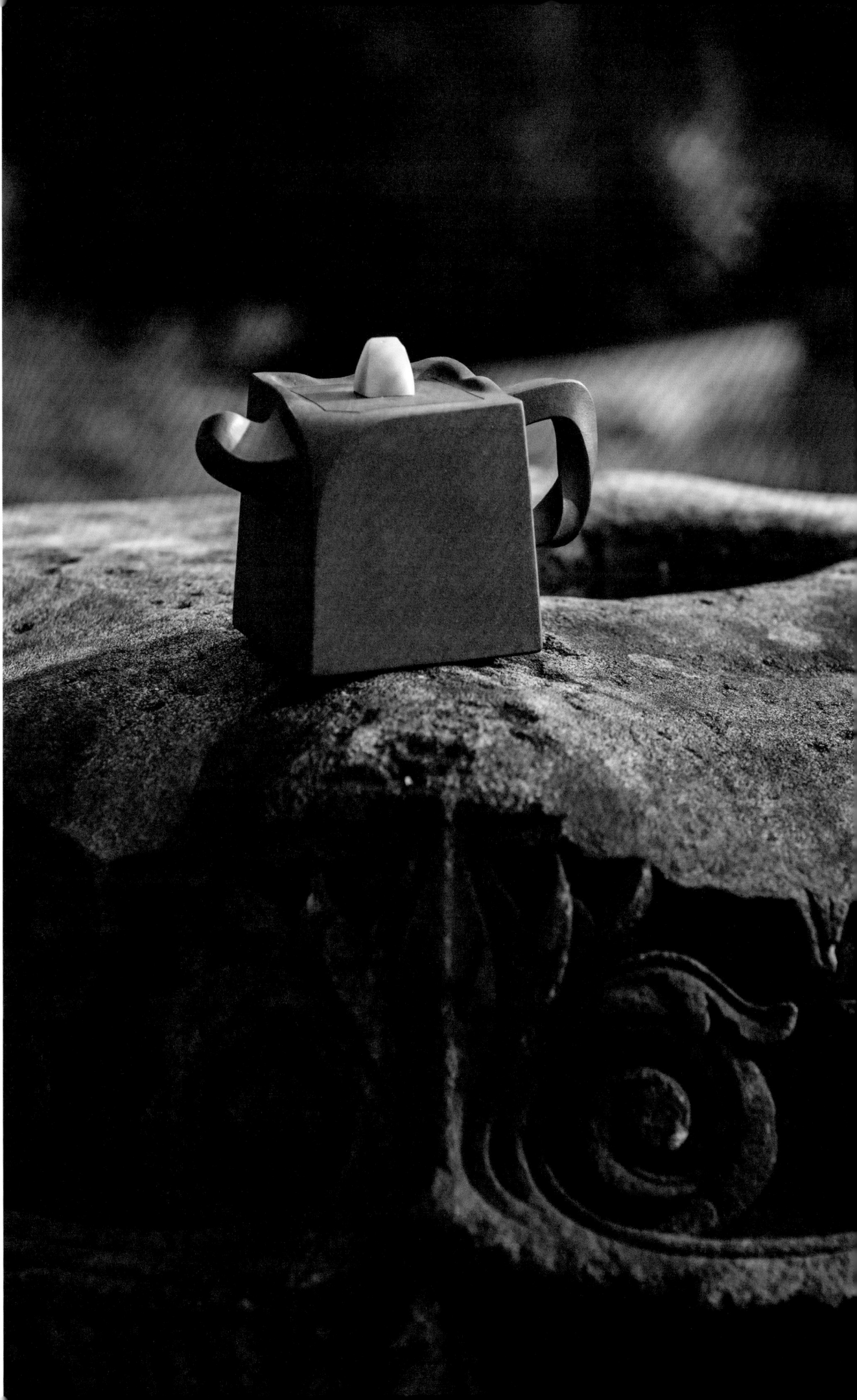

供春印象

段泥 500毫升
2005年

筋纹朝阳

底槽清　520 毫升
2005 年

玉兰壶

紫泥焐灰烧　750毫升
2010 年

应 成 壶

底槽清　400 毫升
2021 年

冬炉溅雨

天青泥　400 毫升
2021 年

自鸣壶

底槽清 420 毫升
2021 年

无碍壶

降坡泥　刻绘　吴林田（大壶）
450 毫升
2017 年

潮音壶

天青泥　400 毫升
2021 年

振衣壶

降坡泥
550 毫升
壶体题词　陈佩秋
拓片绘画　陈墨之
2017 年

東莊風物淺深綠茶知業
有亭朱櫻方徑庵內地
修格上折桂石源石青玉
翠林滿啼呼今見蓮蔣

崗上振衣 丁酉年蓮之畫

吾對砂器之具畬源於對案研表達示式之探
究紫砂之文人意境為吾輩之之追求傳
院文化陪合當代情趣介吾之初心焉

茶莊

259

静逸壶

底槽清　480 毫升
拓片绘画　叶放
2017 年

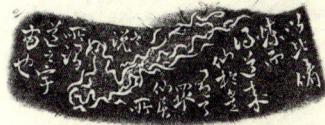

青 灯

青灰泥　400 毫升
拓片绘画　陈履生
2020 年

福

庚子冬月江洲顺生

平安是福
喫虧是福
因禍得福
禍兮福所倚
福兮禍所伏
禍福相依
故居安思危

江洲顺生

后记

　　金沙寺僧始创金沙祖壶, 突破了传统美学的美善相乐; 构建了关于人的审美关注、潜在能力和自由创造的哲学价值观; 疏离了权力关注、技术关注和道德关注的束缚; 强调了个性的纯粹审美经验; 树立了"至人无己, 神人无功, 圣人无名"之"无我"审美人格; 崇尚人与自然天地合一的快乐; 到达真正"大写的我"的逍遥式自由创作境界; 无情于权力、名利和技术的崇拜; 摒弃了那些有违于人性本质的人为、刻意、虚伪和扭曲; 有情于真诚的一颗平常心; 追求陶渊明式人格的唯美主义; 以美为主导统一善; 形成"风骨峭峻""气韵生动"的作品逸格; 使人格、自然与作品融为一体。

　　金沙寺僧作为始创紫砂壶的禅师, 深谙禅宗精神, 通晓禅宗美学, 内观顿悟、亲证, 外观无常、性空, 运用"色即是空"的相对主义心法和审美心理, 破除一切崇拜, 如自然山水、功名利禄、道德权威和经典传承等, 度众生趋向无余涅槃, 给世人留下了"圣人无名""无名万物之始"的紫砂先河之作——"金沙祖壶", "色即是空", 壶为色, 空为彰显金沙寺僧之禅宗思想、禅宗美学和审美人格, 以及空观的创造精神。

　　五百余年过去了, 世人无意识地习惯称颂"窃仿老僧心匠"的供春为紫砂鼻祖, 供春其人出身书童(没有贬低身份之意), 学识修为暂且不论, 窃仿造壶, 谈何审美人格? 也未见其传世珍品, 精、气、神又何在? "时大彬初自仿供春得手""一壶重不数两, 价重每一二十金, 能使土与黄金争价""宫中艳说大彬壶", 这些只能说明, 是时代造就了供春、时大彬式所谓的主流紫砂文化, 并使其沿袭至今。相对金沙寺僧来说, 缺失的是那种纯粹审美的人格精神, 导致五百多年来百不一遇真正具有"风骨"和"逸格"的禅宗精神之紫砂传世佳作。

　　如何全方位、多角度、深层次地了解、体悟、欣赏和解读紫砂始创者金沙寺僧及"金沙祖壶", 是我编著这部《金沙祖壶——探赜紫砂造物源流》的初衷。同时, 也是我十多年来, 探究金沙僧壶所取得的一得之见, 权当抛砖引玉, 仅供参考, 不足之处, 望大家不吝批评指正。由于记载金沙寺僧的历史文献极为稀少, 但总是要有人去探索、去发现。也正因为我与此壶因缘相聚, 才得以圆我三十多年来追寻金沙僧壶之发愿, 在此我郑重地向始创者金沙禅师合十深表歉意, 大师无心留名, 晚辈无明所障, 有违大师心愿, 却把大师始创之壶昭告天下, 晚辈并非有意为之, 仅想借此弘扬禅宗美学理念, 践行禅宗审美人格, 发掘紫砂祖庭文化。

经过十多年的摸索查究，尤其是近两年多来的探赜索隐，今天终至搁笔杀青，此间要诚挚感谢这一路走来为之提供无私帮助和关心的人：唐红军、王炼、马达东、王明强、钮也仿、陈墨之、谈伟光、宗伟方、廖建春、曹继东、阎德松、沈德胜、李建军、徐懿、李晓翔、许鹰诸君和德高方丈以及刘可、杨俊俊、强轶群、贾丽平女士！

陆全明（怀希）

壬寅韵节

撰于沪上金沙山房

图书在版编目（CIP）数据

金沙祖壶：探赜紫砂造物源流 / 陆全明著 . -- 杭
州：西泠印社出版社, 2023. 10
　ISBN 978-7-5508-4292-2

　I . ①金… Ⅱ . ①陆… Ⅲ . ①紫砂陶—陶瓷茶具—研
究—中国Ⅳ . ① K876.3

　中国国家版本馆 CIP 数据核字 (2023)第 188128 号

金沙祖壶 —— 探赜紫砂造物源流

陆全明　著

责任编辑	伍佳　侯辉
责任出版	冯斌强
装帧设计	谢琼　江玉婷　闵勇
审　　读	朱玫　陆辰　王明强　廖建春
图片摄影	王国锋
出版发行	西泠印社出版社
地　　址	杭州市西湖文化广场 32 号 E 区 5 楼
邮　　编	310014
电　　话	0571 — 87243079
经　　销	全国新华书店
制　　版	上海金沙山房文化传播有限公司
印　　刷	浙江影天印业有限公司
开　　本	210mm×285mm　1/16
印　　张	16.75
印　　数	0001 — 2000
书　　号	ISBN 978-7-5508-4292-2
版　　次	2023 年 10 月第 1 版　第 1 次印刷
定　　价	598.00 元